売り込まずにお客が殺到するネット集客法

船ヶ山哲 著

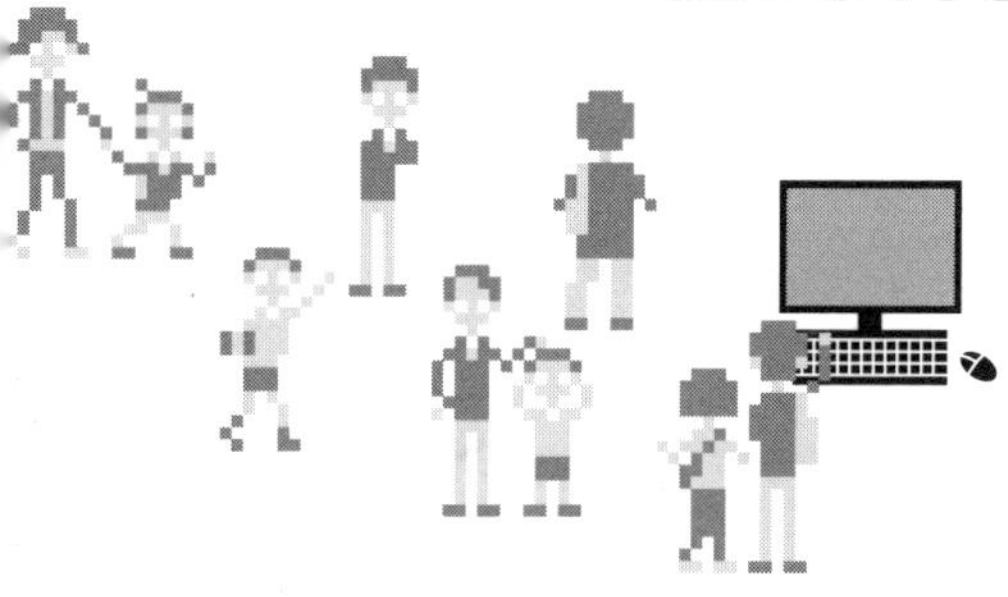

セルバ出版

はじめに

1本の電話がなった「ネットで集客をします！」という内容。何かいいしれない、違和感がある。自社の集客を、テレアポで行っている会社が、他社の集客をネットでできるはずはない。

これは、テレアポに限ったことではないが、インターネットサービスを扱うSEO業者やホームページ作成業者の大半は、ネットでの集客方法など知らずに営業しているのです。

それでもなぜ契約してしまう会社があるのかというと、情報が氾濫したことで、お客様の知識不足を盲点に営業を行い、クライアントが騙されたと気づくまで契約が継続されるのです。

なぜ、そんなことがまかり通るのかというと、SEO業者の例でお話します。

その会社の契約内容および目的は、指定されたキーワードに対し、上位表示することであり、問合せを増やすことではないからです。いい換えれば、SEO対策などというものは、集客を行ううえでの一部のテクニックでしかなく、それだけを行っても成約に繋がらないのは当たり前です。

しかし、その事実を伝えず、契約させるのです。インターネットでの集客は、断片的に行っても成果は出せません。その事実を知った上で戦術を使わなければ意味がありません。そのためにも、はじめに全体像を見据えた「集客の公式」を知っておく必要があります。

また、それ以外にも、大きな結果を出している会社は、他社と違う「切り口」で、攻めています。正面から欲しくない人に売り込みを行うのではなく、あなたの扱う商品が解決できるお客様の悩みにフォーカスし、解決の手助けをする。ポイントは、「売る」のではなく「解決策の提案」です。

この視点がないまま、ブランディングができている大手と同じやり方をしていても、上手く行きません。中小零細企業だから売れないのではなく、欲しくない、不要だといっている人に売りつけていたやり方が間違っているのです。

しかし、あなたは幸運にも、本書を手にしました。本書を通じ、ネットユーザーの心理状態や流れを知ることで、集客に悩むといった日々から解放されます。

ただ、それには条件があります。あなたのこれまでの既成概念を、まずは壊してください。

その常識が集客に歯止めをつけています。あなたが、新しい常識を受け入れる覚悟があれば、いますぐ本書を閉じて、そのままレジに持って行き、会計を行ってください。

あなたの未来を変える答えが、本書には隠されています。

さあ、扉を開けましょう。

平成25年2月

船ケ山　哲

売り込まずにお客が殺到するネット集客法　目次

第2章　なぜ、あの会社だけ「お客が殺到」しているのか

第3章　大企業が売れない時代でも、詐欺商品は売れ続ける理由

第4章　昔から語り継がれる普遍的マーケティング10の手法

第5章 「検索窓は、悩みの窓」売り込み不要！ 見込み客が集まる

第6章　キーワード入力の瞬間、「吸い込まれて訪問する」

第7章　「営業トーク不要」営業を90％終わらせるホームページ

第1章　購買を決定づける2つの要素とは

1　良い商品であればあるほど陥る「売れない罠」とは

商品に惚れると売れない罠にはまっていることすら気づけない

「自社商品に惚れるな」と、誰もが一度は耳にしたことのあるフレーズ。自分で考えた企画や商品に思い入れがない人などいません。

その商品に惚れるなというほうが無理というものです。しかし、あなたがその商品を愛し、多くの人に価値を伝えたいと望むのであれば、商品に惚れるのは「危険」です。

その理由は、恋愛と同じで、惚れたほうが主導権を奪われます。そして、「恋は盲目」なのです。こんな状態で、客観的な判断や戦略を考えることなどできません。惚れるならお客様（マーケット）に惚れる必要があります。

再現性高いビジネスは盲目ではつくれない

あなたの商品を、誰が買うのかを考えれば、おのずと答えは出てきます。そう、お客様です。このお客様を無視して、商品開発しても意味がありません。単にあなたがつくりたい商品を一方的に売ってもお客様は反応せず、自己満足で終わります。

しかし、このやり方で上手く行っている会社も確かにあります。それは、たまたまつくったものがお客様の望むものとリンクしていたにすぎません。

この場合、たまたまという意味合いのほうが強く、再現性が低いのです。

このような成功事例は、あとから、売れた理由をこじつけることはできても、再現性を持ってビジネスを立ち上げることはできません。

思い入れの強い商品を多くの人に伝えたいのであれば、その恋に終止符を打ち、お客様が望む結果を提案しましょう。

良い商品をつくったところで、売れない

あなたは、これ以上、テレビの画質が良くなったところで、テレビを買い換えますか。大半の人は、壊れてもいないし、不自由していないから、買い替えてまで画質をよくしたいとは思わないはずです。事実、テレビは売れずに大赤字になりました。良い商品をつくれば売れるというのは、幻想に過ぎません。

あなたが、一番意識しなければいけないのは、商品自体ではなく、お客様が何に困り、どんな状態を理想と感じ、何を得たいと感じているか、です。

お客様は商品を買っているのではありません。問題を解決する手段もしくは、憧れる理想の状態を手に入れるために商品を手にしています。極論、お客様が望む理想な状態になれれば、商品など何でもいいのです。そのお客様が感じる理想的な状態を手に入れるために何ができますか。

お客様は、商品という「もの」を購入しているのではなく商品を通し、理想とする「結果」を手に入れたいと考えています。

2　販売者の商品に対する思いとお客様の購買欲は関係ない

自分たちの都合のいい解釈をしている限り調査にならない

人は、何かを購入する際、販売者のことなど考えていません。普通、理論的に説明できるほどの意味などなく、「欲しい」から買うのです。もしくは、何かに困りその解決策として商品を買っています。

しかし、販売する立場になると、この当たり前のことがわからなくなります。というか、わかっていても、都合のいいように解釈するといい換えたほうが適切かもしれません。

大半の場合、商品を企画し、販売する過程で、調査やマーケティングを行うと、お客様のことを考えているようで、実は、自分たちの都合のいいように、商品にお客様をこじつけているにすぎません。

当たり前ですが、このようにお客様の感情を無視して、商品化されたものは、当然売れません。そして、社長は、こういいます。「なぜ、売れない」と。

お客様の購買心理を無視すると売れない

お客様は、欲しいもの、もしくは、解決を急ぐものは、高くても買います。しかし、不要なものはどんなに安くてもいらないのです。そう、価格が高いから売れないのではなく、欲しくないから買わないのです。あなたにもあるはずです。不要だと感じているものを強引にもらって処分に困ったという経験が、仮にプレゼントした人にとっては、高価で価値のあるものだとしても…。

この人間の購買に対する基本的な原則を無視すると売れません。そして、お客様の決定要因に販売者の思いなど、まったくもって意味をなしません。この「思いを伝えれば売れる」と、勘違いする人がいますが、はじめからあなたの考えに共感し、商品を購入する人などいません。

商品を買う前にあなたの思いだけでお金を出すのは融資を受けるのと同じぐらい大変なことです。あなたの思いが役に立つのは、もっと後です。

嫌なものを熱い思いで語ったところで、お客様には響かない

好きな音楽に出会ったときのことを、想像してください。

まずは、メロディーが耳をよぎります。そして、こう思うでしょう。「なんかいい曲だな」と。その後、気になった曲の詩を見て、更に好きになります。この商品に対する思いやこだわりは、音楽でいう「詩」の部分です。更に好きになってもらうには役立ちますが、はじめから、興味のない人にいくら熱い思いを語っても、うっとうしいだけです。

はじめの曲の段階で不快と感じるものを、詩まで見ようとする人などいません。それと同じです。詩の内容が、いくらいいものだとしても、嫌なものは嫌なのです。

あなたが、大きな声を出したところで、誰だって嫌なものには耳をふさぎます。たとえ、それが、無料であっても。それが、人間心理です。

3　人は欲しいものは高くても買い、いらないものはタダでもいらない

機能価値以外のものが購買の決定要因となっている

あなたは、これまでに時計を買った経験ありますよね。その時計を、なぜ買ったのか覚えていますか。正確な時間を知るのが目的？　それだけの理由であれば、百円ショップの時計で十分です。しかし、百円ショップでは買わず、その他のお店で買ったはずです。その背景には、機能的価値以外のものがあったからではないでしょうか。

例えば、「同僚や後輩からすごいと思われたい」、「気になる異性に意識してもらいたい」だったり、と。人は、機能を満たすだけの商品には、興味がなく購買意欲を掻き立てられません。機能だけを満たせばいいと考える商品は、優先される判断基準が価格になっても仕方ありません。

人は「感情」で物を買い、「理屈」で正当化する

実は、購入に至る背景には、時計の機能とは関係ない部分が決定要因となっていることが多いのです。しかし、販売者は機能的価値を追求するのですが。

お客様の大半は、これ以上正確な時間など求めておらず、むしろ大きな誤差が生じない限り、気にもとめないのです。それよりは、機能以外の部分に価値を感じています。その機能以外の部分とは、感情です。

人は「感情」で物を買い、「理屈」で正当化します。買う理屈ばかり並べ立てても、肝心な感情を無視している限り、見当違いな部分に時間と労力をかけてしまい、結局売れないものをつくることになります。

お客様がその時計を買った経緯や背景がわかれば、その感情をより満たすことにお金と時間をかければいいとわかるはずです。

お客様の理想や願望に、商品は関係ない

深層心理の中に、異性にかっこよく思われたいという感情があって、時計を購入したのであれば、これ以上、正確な時間を求めるより、どのようなデザインにすれば、よりその感情を満たすことができるかを考えるべきです。

もう一度、その時計が機能価値を評価され購入されているのか、それとも、感情価値を評価されているのかを再認識する必要があります。マーケットが変わることで、同じ時計だとしても評価基準が変わるので、その点も注意が必要です。

更に、かっこよく見られるのが、購入決定した要因であれば、特に時計にこだわることもありません。時計が引き立つ交換ベルトをオプションで付けてもいいし、時計を引き立たせるためのパーツを追加してもいいでしょう。

購入を決定した、感情にフォーカスすれば、いろいろなアイデアは出てきます。しかし、この感情を無視すると、売れない罠にはまります。

4　欲求や悩み解決にフォーカスした瞬間、買わずにはいられない

目に見えない感情価値が購入を決定づけている

人は商品を買う際に、機能だけを見て買っているのではなく、購入の動機づけも購入する瞬間もすべて感情が左右しています。

考えてみてください。電化製品を購入し、すべての機能を使える人などいません。説明書の始めから最後まで、機能動作を確認しながら、使う人がどれだけいるか。マニアでない限り、普通はしません。これは、世の中の商品やサービスすべてにいえます。

購入に至る過程で、判断基準は機能価値だけではないということです。そして、多くの人は、見えない感情価値に重点をおき購入を決定しています。

感情を揺さぶるための2つの鍵

この購買に至る感情は、個人向け商品だけでなく企業間取引も同様です。勘違いする人が多いのですが、企業間取引であっても、取引先を探し、決定するのは人間です。それは個人向け商品であっても企業向け商品であっても、人間が拘わっている以上、思考プロセスは変わりません。

では、どのようにして、買わずにいられない状態をつくり出せばいいのか。買う理由ではなく、買わずにはいられない状態です。

その感情を揺さぶるためのフックとなる鍵が2つあります。それは、「欲求と悩み解消」です。人は、極論いうとこの2つの感情によって購買決定しています。鋭い人は気づいたはずです。

この2つの感情には、機能価値など不要ということです。企業であっても、機能だけを満たす商品を購入しているわけではありません。その背景には、当然購入する理由があります。それは問題を抱え、解決策を探しているのかもしれません。また、大きな問題にはなっていないが、余裕があるうちに対策を講じておいたほうがよさそうだと考え探しているのかもしれません。

どちらにせよ大切な業務時間を使って、インターネットで解決策を検索しているということは確かです。また、個人相手のビジネスと違い、企業の場合は、そもそも解決策を無料でとは考えていないので、的確な解決策を提示できれば、大きなビジネスに繋がる可能性を秘めています。

あなたの取扱う商品は欲求型それとも悩み解決型

人の基本的な購買心理は、シンプルです。

「欲しいから買う」

「悩みを解決したいから買う」

あとは、あなたが扱う商品が備え持っているのは、どちらの鍵なのかをお客様に示せばいいのです。欲求を満たすのであれば、「私どもはあなたの○○叶えます」

また、悩みを解消するのであれば、「○○という悩みにお困りではありませんか。私どもは、あなたの○○という悩みを解決します。」といった具合に。

5　必要な人に伝えなければ、効果は「ゼロ」

なぜ、あなたのメッセージは届かないのか

上手く行かない人の共通点は、同じ内容のメッセージを全員に向けて発信しています。なぜこのようなことに気づかないのかというと、商品にフォーカスしているからです。はじめにお話ししましたが、商品に自信があり思いが強い人は、お客様を無視して、商品自慢をしてしまいます。気持ち自体が商品にフォーカスしているので、発信するメッセージもすべて同じ内容になってしまいます。

しかし、同じ内容で発信してしまうと、お客様には段階や状況が異なるので、響かないメッセージをお届けすることになります。

伝える人によって使う言葉やメッセージは変わる

極端な例を出すと、赤ちゃん用の商品を女子高校生に向けてメッセージしても響きません。逆に、女子高校生をターゲットにしている商品をサラリーマン男性に発信しても響きません。

まずは、誰に発信するかを考えれば、使う言葉やメッセージは変わります。「そんなこと当たり前すぎて、やる人などいないでしょ」と思われがちですが、実は、これらは身近に起きています。

当たり障りのない表現は、ただ書いてあるだけで、誰にも伝わりません。誰に何を伝えるかを

明確にし発信するメッセージを考えましょう。

いまの時代、機能価値だけでは反応しない

実例をあげると、例えば、接骨院。
・近隣の病院との連携しているので安心です。
・特別な技能を習得した免許を所有しています。
・保険治療なので、経済的に不安なく通院できます。

どうでしょうか。一見いいように思え、どこでも見る表現です。しかし、これはすべて機能価値をいっているにすぎません。必要としない人に、このような差支えない表現を強みとして発信しても、何の効果も出ません。本来一番必要とされる「誰に・何を」いうと、響くのかが無視されています。そして、どんな悩みを抱え、どのような解消策があるのかが、抜け落ちています。

いまの時代、当たり前すぎて、お客様は、機能価値には、反応しません。一昔前であれば、機能価値を高めるだけで差別化できましたが、いまの時代、どこも商品品質は意識しているので、機能価値だけにフォーカスしても差別化にはなりません。

機能価値は、見えやすい分、真似もされやすいので、他社を意識しすぎると、機能追加することが中毒化してしまい、お客様が望んでいないことも含まれている可能性があります。もう一度、機能追加する前にその機能は、お客様にとって本当に必要なのか、それとも他社がやっているから追加してしまったのかを見直しましょう。

6　流入経路によって話す内容はまったく異なる

親切心が返って裏目に

実は、営業を行う際に、相手によって話す「入口」は変わります。内容ではなく、入口です。この部分は、よく見落としがちになるのですが、教えてもらったことを、すべて話せば売れると考え、はじめから最後まで話す人がいます。しかし、場合によっては、お客様が知っている内容を話すと不快に思われます。これは、機能価値を販売してしまうと、このような過ちに陥るので注意が必要です。

例えば、エアコンを購入する目的で来店した人と、テレビを購入するついでにエアコンコーナーによった人とでは、ベースにある知識が違います。そして、エアコンの情報をすでに他店で聞いた人に、今年のエアコンの特徴を話しても、重複した情報になるので迷惑がられます。

しかし、機能売りをしてしまうと、陥りがちになります。「知っている情報は、すべて話さないと」という罠に。

会社概要も話す相手の興味度合いによっては逆効果に

別の例をあげると、典型的ものは、会社説明です。呼ばれもしないのに、営業に来て、「まずは、会社説明をさせてください。」と、説明し出す営業マンがいますが、これは、出会い方によっては、迷惑行為になります。

まずは、自分が何者か名乗らないと、常識知らずとのことで話しているのだと思いますが、大切な時間を奪っているほうが、常識知らずというものです。

そして、まだ興味のない商品の会社説明をするのは逆効果の場合もあり、良かれと思ったことが、かえって悪い印象を与える可能性すらあります。挨拶は、名刺交換で終わっているのであれば、会社説明はしなくても問題ありません。会社説明は、必要だと感じる人にだけ、丁寧に説明すればいいのです。

少しの感情のズレが成約率を下げる

これは、誰に、そして、どんな出会い方をしたかによって変わるはずの内容ですが、売れない営業マンは、すべての人に同じ内容を同じ順番で話をしてしまうから、売れないのです。

機能を売りに行くと、覚えたことを順序よくすべて話せば売れると勘違いしてしまいがちですが、人は感情のずれが少しでも生じると、買いません。

営業マンが話している間に気になることは、話の途中であっても聞きたくなるのがお客様です。お客様はあなたが話したい内容より、自分が気になったことを聞きたいのです。

その小さな疑問を無視するだけで、成約率は下がります。

それだけ、流入経路は話の構成を考える上で非常に重要で、見誤ると、始めからボタンを掛け違うこととなり、成約率に影響を与えます。

7　売り込むタイミングが重要—あなたは、害虫or専門家

同じ話でも、タイミングをミスるだけで害虫扱い

営業経験がある人は、同じ話をしても、お客様の表情や受取り方が違うということを実体験として感じていることだと思いますが、これは、話す内容が問題ないのではありません。

すべては、切り出す「タイミング」です。そして、このタイミングがあえば、仮に営業していても、お客様は不快に感じません。しかし、タイミングを見誤ると内容が世間話であっても、営業と受け取られ「害虫扱い」されます。

タイミングの重要性はインターネットでも同じ

実は、これは営業の世界だけでなく、インターネットでセールスする場合も同じです。インターネットでのセールスというのは、やり方はいろいろありますが、ホームページ内でセールスすることもあれば、メールでセールスすることもあります。ただ、この場合も、共通して成果を出すために必要なのは、タイミングだということです。

どの段階までは「情報提供」で、どこからは「営業」に入るかはほんの小さな差でしかありません。しかし、その少しの差が、タイミングを間違えるだけで、反応がゼロになることも珍しくありません。逆をいえば、同じ内容のコンテンツであっても、順番を変えるだけで、成果が大き

く変わります。もし、あなたが完璧な内容を伝えているにもかかわらず、成果が出ていないとしたら、順番を変えてテストしてください。場合によっては、それだけで成果が上がるかもしれません。それだけ、順番というものは、成約に影響します。

切り出すタイミングが成約率を大きく変える

人は、48時間もすれば、聞いた内容の80％は忘れてしまうといいます。逆に、その内容を覚えておきたければ、聞いた内容を人に話すことで、内容の80％を覚えておけるといいます。しかし、人間は２日後には、忘れてしまうことであったとしても、感情次第で高額なものも購入してしまいます。それは、人が感情の生き物だからです。

大切なのは、切り出すタイミング次第で、内容の「印象」はもちろん「成約率」においても、大きく変わるということです。ただ、全員が嫌な顔をしない限り内容が悪いわけではありません。しかし、多くの人は、成約率が芳しくないと、内容だけを重視し考えてしまいます。もちろん、内容あってのタイミングなので、確かに重要なのですが、このタイミング次第では、最高の内容で挑んだとしても、成約率が「ゼロ」になることさえあります。

もう一度、内容・タイミング・声のトーン・雰囲気など、何が影響しているのかを考えてみましょう。テストをするとわかるのですが、実は内容が一番成果に影響しないと気づくはずです。商品でいえば、機能の部分です。お客様は、完璧なものが欲しいのではありません。自分が必要と感じているものさえ、含まれていれば十分なのです。

8　興味のスイッチが入れば、あなたの情報は感謝される

お客様の感情の波を意識し話さなければ伝わらない

もちろん、誰だって自分が話すことで、お客様に喜んでもらい感謝されたいと思うのが普通です。しかし、多くの人は、内容しか重視せず、話すタイミングまで考えません。

ただ、このタイミングと内容は密接にリンクしており、お客様の感情の波に逆らうと、あなたが内容を完璧に話をしたところで、お客様には伝わらず、最悪、心の中では、迷惑だなと思っているかもしれません。

まずは、いま話している内容が最適なのかをお客様の表情で計測しながら見直しましょう。自分が最高だと思っている内容を話すのではなく、お客様が望む成約率を意識した内容に変えましょう。あなたが考えているものとは違う内容のほうが成約率が上がることも珍しくありません。

心の蓋を開ける瞬間を見逃すな

では、お客様に感謝される存在として内容を伝えるにはどうしたらいいのかというと、切り出しのタイミング以外に「興味のスイッチが入る瞬間」を意識することです。しかし、この瞬間を逃してしまうと、お客様はあなたの言葉に、また蓋をしてしまいます。

これは、あなた自身、買い物をしていて経験があるはずです。掲載されている情報だけでは、

不十分な場合、もう少し詳しく店員に話を聞きたくなる瞬間が。その感情こそが、興味のスイッチが入った合図です。

そのときのことを思い出していただきたいのですが、ほぼ購入する気になっているはずです。ただ、本当にその決断が正しいのか、多少の不安も残っている状態です。

そんな最終決定に迷っている状態のとき、その迷いを払拭してくれる店員がいたらどうでしょうか。その人の言葉がすんなり入ってくるはずです。そして、内容によっては感謝すらします。

クロージング最大のチャンスを見逃すな

これは、あなたも1回や2回は経験あると思いますが、その興味のスイッチが入った瞬間に、探しても話を聞ける店員が見つからない場合、その商品は買わず、お店を後にします。

実は、この興味のスイッチが入った瞬間にこそ、最大のチャンスなのです。この瞬間を掴めば、もしその商品が他店より、多少高かったとしても購入してもらえます。しかし、この瞬間を逃すと、他の安いお店に行かれてしまうだけです。

人は欲しい瞬間が訪れたときに背中を押してくれる存在がいるだけで、迷いが「決意」に変わります。この決意がない状態で、買ってしまうと、他店の価格が気になってしまいます。しかし、決意を持って購入すると、他社の価格はあえて見なくなります。

その理由は、自分が出した決断を否定することになるからです。人間は、自分の出した決断は、たとえそれが間違っていたとしても否定されることで、強いストレスを感じるからです。

9　信用を得るたった1つの方法は、有料な情報を無料で与えること

一瞬のチャンスを逃さず捕まえるには

いつ入るかわからないお客様の興味スイッチを逃さずすべて察知することなどできません。当然、毎回都合よく店員が、目の前を歩くなどということもありません。

では、どうしたら、その一瞬のチャンスを逃さず捕まえるのかについて見ていきます。

先ほどの例を振り返ります。掲載されている情報だけでは、不十分な場合、もう少し詳しく店員に話を聞きたくなる瞬間、ここがポイントです。このポイントを知れば、すべての人を対象にするのが、無駄とわかります。興味ありの人をセグメントし、その人だけを対象とするのです。

興味あることについての関心欲に終わりはない

あなたも経験があるはずです。ミニコンポをはじめて買ったときのことを少し思い出してください。色々なパンフレットを手にとり比較検討しましたよね。そして、お店の人に根掘り葉掘り色々質問した思い出が誰にでもあるはずです。そのときと同じです。下手したら購買寸前は、お店の店員より詳しくなるぐらいマニア化する人もいます。更に、変わり者になると、自分の知っている知識より店員が詳しいかをお店に確認しにいく人もいるぐらいです。話がそれましたが、いいたいことは誰しも興味あることについては、どんな些細なことでも知りたくなります。そし

て、親身になって教えてくれる人に感謝し恩を感じるようになります。ただし、逆の立場で考えたら、興味スイッチが入る前に、自然な形で価値ある情報を提供できたらいいと思いますよね。

情報を不十分と感じる人が、深い情報を求めて待っているのです。その要望してきている人に足して先に情報提供するからこそ、一瞬のチャンスを手に入れることができるのです。

簡単にあなたが信用を得るためのたった１つの方法

今回のことを実現する夢のような方法があるので、ご紹介します。

それは、有料な情報を無料で配るのです。勘違いしないでください。「優良」ではありません。元々、無料で配布されている優良な情報では価値がないのです。

ただ、その情報は、有料で提供するだけの価値があれば、極論、原価ゼロでもいいのです。ポイントは、「有料」のものが、「無料」で手に入るから価値を感じてもらえます。それも、興味があるという人にだけ。

当然、その欲しいといった人にとってみたら、基礎となる情報になるだけでなく、こんなに素晴らしいものをくれた人だという印象が残り、あなたは信用されます。

ここで大切なのは、興味ある人に、有料なものを「先に」与えるというところがポイントです。

もちろん、情報だけにこだわることはなく、商品そのものを無料もくしは特化で提供し、体験してもらうことでも構いません。ただ、商品を特化販売するのであれば、ここでは売るという感覚ではなく関係性をスタートさせることだけを意識してください。

10　無料の段階で、有料な価値情報を１００％与えなければ信用されない

信用を得たければ最大限の価値を先に提供しろ

あなたに質問があります。少し考えてください。あなたは、あることに興味を持ち、そのことについて、詳しい友人2人に話を聞きました。

1人は、親切に有料会員にしか公開されていない情報を惜しげもなく教えてくれました。

そして、もう1人は、差し支えない情報だけを教え、これ以上知りたければ会員になりお金を払って欲しいと申し出てきました。

あなたならどちらを信用しますか。間違いなく前者ですよね。しかし、現実は、後者の人ばかりです。無価値なパンフレットを片手に、いい話があるといい、「どんな話」と聞いても、詳しくは教えてくれない。怪しさ満載で、こんな人の話を「信じろ」というほうが、無理です。ただ、このような人は、怪しい業者に限らず、まっとうな商売をしている人ですら、実に多いのです。

企業が知らずに行っている信用を落と行為とは

恐らくこれまでに企業のホームページで目にしたことがあるはずです。ホームページ内にある「資料請求はこちら」と、いうボタンを。そして、請求すると、元々無料で配布されているパンフレットと会社概要が郵送で届く。あなたの会社がこのように対応していたら要注意です。

先ほどの話を思い出してください。はじめの段階で、差し付けない情報だけを公開する会社をあなたは信用しますか。もし、あなたが興味ある業種３社に対し資料請求して、１社だけ有料な価値のものを無料で提供してきたら、その時点で特別視するのではないでしょうか。資料請求のテーブルに上がった段階でスタートの笛は鳴っているのです。準備運動している暇ありません。ハッキリいって、この段階で１００％の情報を提供しても、お客様に実現することはできません。その始めの情報だけで、実現できる人は世の中、数えるほどです。

ですから安心して、あなたが持っている、すべてを公開してください。仮に、あなたがコンサルタントのような、情報を売る商売だとしても。これで、信用が得られなければ、別の部分に問題があると思ったほうがいいでしょう。

ファーストコンタクトには全神経を集中させる

この始めの段階というのは、最も重要です。はじめに、信用を得ることのできない人は、クライアントにはなりません。あとから時間をかけて、わかってもらうなどという甘い考えの人はこれからの時代は、相手すらされません。

あなたが、心からお客様に信用されたいと願うのであれば、迷うことはありません。はじめの段階で、あなたが出せる最高のクオリティの有料な価値情報を無料で提供すれば、あなたは間違いなく選ばれます。無料だからといって手抜きは不要です。手を抜いた瞬間、お客様の信用はなくなります。

11　期待が支払う金額の価値を上回った瞬間、お客様は財布を開く

見込み客がお客様に変わる瞬間に必要な要素とは

見込み客を、どうやってお客様に変えていくかについて話していきます。いい換えれば、どのような状態になれば、お金を払ってくれるのかということです。思い出してください。あなたが、始めて付き合うお店でお客になった瞬間を。金額の前に、何かがあったはずです。

その何かとは、「期待」ではなかったでしょうか。実際商品というのは、どんなものでも、買って使ってみないとわかりません。これは食事でも同じです。雑誌やホームページで見ることはできても食べてみないと味を知ることはできません。

期待が上回ったときに、お客様は財布を開く

はじめてのお客様というのは、想像することしかできません。それが、仲の良い友人に誘われた（口コミ）としてもです。

実は、新規客と既存客へのマーケティングやセールスというのは、まったく異なります。当然、いまは既存客になっているお客様にも、一番始めがあったはずです。はじめのお客様は、支払う価格に対して、期待が上回ったときに、財布を開きます。しかし、はじめの段階で、期待を大きく下回れば、「期待外れ」となり、次のチャンスは訪れません。お客様の大半は冒険を嫌がります。

新しい会社と取引することに対し、リスクを感じています。これは、有料の価値情報を無料で与えることにも繋がるのですが、リスクを感じながらもチャンスをいただいたのです。

この無料の段階で、興味を持ち、期待されなければ、その後、一生懸命に対応したところでクライアントにはなりません。はじめを適当にする人があとからしっかり対応してくれるとは、誰も考えません。

お客様との関係を構築する第一歩とは

はじめに信用を得て、その期待を得るために具体的に何を行えばいいのか。それは、企業であれば、資料請求の部分を見直すことです。まずは、「資料請求」という言葉を魅力的な言葉に変え、ここに申し込むとどのようなメリットがあるのかを伝わりやすい内容で表現します。

そして、郵送物もいままでのようなパンフレットではなく、お客様に十分な価値を感じてもらえるような、感謝されるものを用意します。何度もいいますが、情報の出し惜しみは厳禁です。お客様が自分の意思で「興味があります」と、請求してきているので、提供するものとしては、本ほどの厚みあるものでもいいぐらいです。反応が取れない原因は、ここに温度差があるからです。

情報を提供する企業側はお問合せを軽く感じていますが、お客様は、その後の営業を覚悟して、個人情報を入力しています。その事実を知ったうえで、何を提供すれば、お客様情報に見合う価値となるのかを考えます。それが、お客様との関係を構築する第一歩となります。

この章のまとめ

① 商品に惚れるな、惚れるならお客様（マーケット）に惚れろ。
② 人は、理論的に説明できるほどの意味などなく、「欲しい」から買っている。
③ 機能価値に焦点を置いている限り、判断基準は価格が優先される。
④ 機能価値以外に、「欲求と悩み解消」の感情によって購買が決定されている。
⑤ 差し支えない表現を強みとしても意味がなく、「誰に・何を」いうと、響くのかを考える。
⑥ 流入経路は話の構成を考えるうえで最も重要で見誤ると成約しない。
⑦ タイミング次第では、最高の内容で挑んだとしても、成約率が「ゼロ」になることさえある。
⑧ 興味スイッチが入った瞬間に、背中を押してくれる存在がいるだけで迷いが「決意」に変わる。
⑨ 有料な情報を無料で配り、関係性をスタートさせる。
⑩ はじめに最高に思える有料な価値情報を無料で提供することが信用に繋がる。
⑪ 何を提供すれば、リスクを感じているお客様が安心して関係性をスタートするかを考える。

第2章

なぜ、あの会社だけ「お客が殺到」しているのか

1　飛び込み営業、戦略のない打合せでは、倒産秒読み！

営業すればするほど赤字に転落

　これは、社長自身が現場から離れ、お客様との直接対応がなくなると、このアリ地獄に落ちることがあります。それは、成約率を考えず、ロール営業してしまうことです。どのビジネスでも同じですが、成約率は変化するので、その成約率が下がっていることに気づかず、従来のままの営業を行うと、営業する度に経費が上回り赤字になります。

　成約率というのは、人によっても環境によっても、情勢によっても変わります。常に一定ではないのです。

　しかし、多くの場合は、この成約率を考えず、勢い任せに行えば何とかなると安易な考えで飛び込み経費を垂れ流がすことになります。商品が不足している時代であれば、経費が上回ることなど考えられないと思いますが、いまは、商品が溢れ競合も増えた結果、市場の取り合いとなり、経費が逆転しても不思議ではありません。

特殊なビジネスをいい訳にしている限り儲からない

　では、なぜこのような状態だと知りつつも、戦略のない営業を行ってしまうのかというと、指導者がお客様から離れると、お客様の小さな感情の変化やニュアンスがわからなくなります。

当然、社員は社長に対し良いことしか伝えないので、余計に混乱します。そして、アリ地獄に落ちた上手く行っていない会社の社長はこういいます。「自分の扱っているサービス・商品は特殊だから」と。これは、もうビジネスではありません。ビジネスは、価値と価値の交換です。

どんな商品を扱っていたとしても、お客様にとって価値があると感じてもらえれば、対価は発生します。しかし、受け入れてもらえないのは、難しい商品を扱っているからだと、いい訳をしているにすぎません。お客様にとって難しいとわかっているのであれば、伝わる手段を考えればいいだけです。

古いやり方に固執している限り打開策はない

そして、これまでの時代であれば、いいものをつくり、勢いだけでなんとかなりました。しかし、現在は、粗悪品を探すほうが難しいぐらいです。

なぜなら、どの会社も、製品クオリティが高くなっています。そして、機械の発達で良いものが安価に仕上がるため、競合他社の数が圧倒的に増えました。

いまは、このような状況変化もあり、戦略のない勢いだけの営業では、勝ち残れなくなっています。そう、常に世の中は変化しているにもかかわらず、営業スタイルだけは、昔から変わっていない会社は衰退傾向にあります。もちろんいままでの方法で上手く利益が残るのであれば、問題ありませんが、成約率が落ちているにもかかわらず、そこは目を伏せ、古いやり方に固執している会社は、倒産を待つしかありません。

2　新規見込み客が止まった瞬間から5年で倒産する

新規客と既存客の集客方法は異なる

ビジネスというのは、大きく分けると、新規客と既存客の2つで構成されています。リピート客は、既存の中に属します。当然、既存客は、新規を経て、既存客になりますが、この部分を混同し、新規客と既存客を一緒の集客方法で行う人がいますが大きな間違えです。

例えば、飲食店がチラシをまき、その回収率が良かったと喜びますが、それは、新規客なのか、安売りを目当てとした既存客がただ、戻ってきているかを確認する必要があります。

その計測の部分を曖昧にすると、集客が目的ではなく、チラシを行うこと自体が目的化してしまうので、新規客向けに行うのかそれとも既存客のリピートを目的として行うのかを決めることが肝心です。

また、複数同時に宣伝を行うときは、どの媒体から反応があったのかも集計しておくことが必要です。使用したチラシは集計値と一緒に、ファイルしておき次回の参考資料にし役立てます。

お客様の流失率を把握しなければビジネスは衰退する

新規と既存の集客方法は異なり、新規獲得コストは、既存客にかかるコストの何倍もします。そのため、一般的に、ビジネスの立ち上げ時期が一番大変だといわれます。それにもかかわらず、既存客の流失を意識している会社はほとんどありません。

また、この部分も非常に重要なのですが、お客様の状態を、事前に把握していくことです。基本的に、お客様はいつかいなくなります。その流失頻度や人数、売上に影響する度合も含め、常に数値化しておきます。

このような考えを持っていれば、既存客の流失が、年○%なので、その空いた分を補う新規が○%必要だとわかります。

しかし、新規客が確保できなくなると、既存の流失しかありません。そうなった場合、流失率が年で20%だとしたら、そのビジネスは5年で倒産します。

集客をマスターすればビジネスは安定する

逆にいえば、新規獲得法さえマスターしてしまえば、既存のビジネスで新規客に困ることはなくなり、継続し成長させることができます。また、集客を覚えれば、別事業として新しいビジネスを立ち上げることも可能になります。

それだけ、新規客獲得は難しく、多くの会社が苦戦しています。

ただ、集客にはやり方があります。新規客を獲得するやり方、既存客にリピートしてもらうやり方、ファン化するやり方など。このように段階にあわせた施策を行わなければ無駄になります。

これらは、すべて数値化できますので、どこ部分が弱くなってきているのかを見れば、見当違いな改善策を行うことはなくなり、長期に渡りビジネスは安定します。

3　売上は3つの要素で構成されている

売上を構成する3つの要素とは

施策を行う上で数値化がなぜ重要なのかをもう少し見て行きます。

売上は、基本3つの構成で成り立っています。施策単位で考えると、無数に出るのですが、実は、その無数にある施策は、集約すると次の3つの要素に該当します。

その3つとは、「顧客数・単価・購入回数」になります。売上は、この3つの掛け合わせで、構成されています。

この3つを分けて考えることで、施策はより具体化し、明瞭な数値として結果を追うことができます。数値化のポイントは、細分化です。漠然と売上目標を掲げていても、どこを得意とし、どこが手落ちになっているのかを知らなければ、根性論となり、掲げた目標が無駄になります。

いまの売上を1つの要素で2倍にするのはほぼ不可能

あなたは、いまの会社の売上を2倍にすることはできますか。おそらく多くの人は、無理だといいます。では、なぜ無理だというのか。それは、1つの要素だけで考えるから、取り組む前に無理だと考えるのです。わかりやすくいえば、お客様の数を倍にする。もしくは、倍の価格に値上げする。しかし、これは現実的ではありません。このように、1つの要素だけで考えると、いまの売上を下げる可能性すらあります。

ただ、視点を変え、３つの要素を分けて考えれば、売上を2倍にすることは、無理ではないとわかるはずです。

３つの要素を活用すれば、売上は簡単に２倍になる

先ほど、顧客数×単価×購入回数＝売上だといいました。このように要素を分けて掛け算で考えると、売上を2倍にするのは簡単です。

例えば、１００円の商品を10人が、１回購入すると、売上は１０００円です。これをすべての項目で1.3倍すると、どうなるか。１３０円の商品を13人が、1.3回購入することとなり、結果、２１９７円の売上となり目標達成です。

ただし、業界によっては、１００円の商品を１３０円で販売するということは、難しいかもしれません。

その場合、価格ではなく、他の要素の数値を上げてもいいのですが、簡単に値上げする方法があるので、ご紹介します。

１００円の商品はそのまま値上げせずに販売し、もう１つのプランとして、50円の関連商品を付けたセット商品を販売します。いまなら２００円のところ１５０円となっていれば、何人かはセット商品を購入します。全員が、セット商品を選ばなかったとしても、平均単価として１３０円になればいいのです。

4　目に見えないサービスは売れない

商品が持つ平均価格がないものは売りにくい

人は、物に対して基準となる価格を持っています。本であれば、1500円。CDであれば、3000円といった具合に。しかし、目に見えないものや市販化されていないものは、その基準値が見えにくく、それが高いのか安いのかわかりません。

当然、概算がなければ、大切なお金をかけるだけの基準値がぼやけ、判断が難しくなります。当然そのままでは売れないので、その目に見えない商品を売るための仕掛けが必要になります。

今回は、参考例として、2つご紹介します。1つめは、時間単位で区切るか、組合せを変えることで、目安料金をつける方法と、もう1つは、目に見えるものをフロント・エンド商品にする方法です。それぞれ簡単にご説明します。

パッケージ化し価格を設定する

まずはじめの、パッケージ化についてですが、わかりやすい例としては、コンサルティングや保険商品です。これは、価格があってないようなものなので、販売する側のいい値となり、購入する側としては不安になります。

そこで、30分○○円といった具合に、時間単位で区切ることで、その価値は伝わりやすくなります。

また、見えにくいサービス内容の場合は、小分けにし、組合せを行うことでわかりやすく表現することもできます。これは、サービスを販売するような商品の場合にも効果的で、上手く行っている業種は必ずこの考え方を採用しています。コツは、上手くいっている業種の手法を自分たちの業種で行うとしたらどうなるかを考えます。案外身近なところでは、普通に行われていることを採用するだけで、驚くような結果に結び付くことも珍しくありません。

フロント・エンド商品を売ることで、目に見えないものを売りやすくする

次に、お勧めなのが、目に見えるものをフロント・エンド商品として売る方法です。

わかりやすい例としては、自動車会社です。決算書を見ればわかりますが、実は、自動車会社は、車を販売し儲けているのではなく、オートローンで儲けています。企業によっては、なんと80％がオートローンからの収益。このようにメインの収益が、オートローンになっているからリーマン・ショックのような大不況が起きても、すぐには赤字に転落しないのです。

おそらく、自動車会社のＴＯＰ営業マンでも、車という目に見える商品をなくして、オートローンだけ販売するのは、難しいはずです。しかし、目に見えるものをフロント・エンド商品に置くことで、商品が持つ、基準価格がわかるので、お客様もイメージしやすいのです。

だから、自動車のコマーシャルは、ローンを組む30代を対象にし、家族が好むワゴン車や軽自動車を頻繁に流すのです。

5　現状を打破したフロント・エンド商品

人は、支払った金額もしくはそれ以上の価値を求める

以前に私が、お世話になっていた会社の事例をお話しします。その会社は、リアルタイム情報を配信する携帯ポータルサイトを運営する会社だったのですが、当初思うように契約件数が伸びませんでした。

その主な原因としては、月々課金されるものに対し、どのようなリターンがあるかがわかりにくかったということです。人は、支払った金額もしくはそれ以上の価値を求めます。

しかし、どこの会社を選ぶ場合も、はじめの契約の段階で、費用を払うだけの価値があるかどうかはわかりません。そのため多くのポータルサイトは、広告収入をベースにし、月額課金があってもオプション扱いにするのです。その他のモデルとしては、費用対効果がわかりやすいツールを貸し出し、収益化するのが一般的です。

現状を打破するきっかけとなったフロント・エンド商品

ただし、この会社の基本姿勢は、月額課金での収益モデル。収益モデルが変わらない以上、変えることができるのは販売方法だけです。そこで、この会社が行ったのは、集客を目的とした商品をまず販売し、見込み客を集めたのです。その集客用の商品のことをフロント・エンド商品と

呼びます。

そのフロント・エンド商品に採用したのが、「番号を整理する自動発券機」。収益商品であるポータルサイトをいきなり売るのではなく、先に発券機を販売したことで、お客様の中での価値判断がしやすくなりました。そして、この発券機の情報が、リアルタイムに携帯ポータルサイトに配信されるので、月額利用の必要性も同時に伝えることができるようになったのです。

更に、このフロント・エンド商品を置いたことで、携帯からも発券機に対し、予約が可能となり、結果としてサービスの幅も広げることに成功しました。

最近では、発券機以外の端末をフロント・エンド商品に置き、サービスの拡大を行っています。

ＷＥＢマーケティングを活用することで爆発的な効果を発揮

このようにフロント・エンド商品を置くことで、ビジネスが急成長するケースは、少なくありません。ただ、フロント・エンド商品を置けばすべて上手く行くのかといえば、それほどビジネスは甘くありません。爆発的な効果を出すには、まだ不十分なのです。

それを補うのが、「ＷＥＢマーケティング」です。このＷＥＢマーケティングが、付加されることで、爆発的な効果を生み出します。いまの時代、インターネットは、ビジネスでも日常的に利用されています。そのインターネットをマーケティングに活用すれば、安いコストで、いままでアプローチできなかったお客様にも出会うことができます。このフロント・エンド商品は、ＷＥＢマーケティングを行ううえで、非常に相性がよく戦略的に切り離せない存在でもあります。

6　モラルも売上には勝てない―大企業が零細企業をパクる時代

一気に契約件数を跳ね上げ業界シェアを獲得

この発券機をフロント・エンド商品として売り出した会社が急成長したことで業界が大きく変化しました。いままでは、業界でも認知された会社ではなかったのですが、ＷＥＢマーケティングを活用したことで、一気に契約件数が跳ね上がりました。

はじめは、他の会社もそれほど意識してはいませんでしたが、あまりにも業界シェアをひっくり返したことと、いままで販路としてこなかった業界に参入したことで、注目されるようになったのです。

モラルも売上には勝てない業界を変えるインパクト

その結果、業界の常識をこの会社が次々と塗り替えて行ったのです。

例えば、いままでは純粋な発券機の販売がメインだった会社ですら、携帯電話へのリアルタイム配信を機能追加するようになりました。更に、驚いたのが、業界でもかなりのシェアを獲得していた大企業が、この零細企業の機能だけではなく、デザインまでパクったのです。モラルも売上には勝てないということです。このように、お客様を集客することさえできてしまえば、業界の常識を変え、大企業が我を忘れる程のインパクトを与えることも可能になります。それがあなたの業界だとしても。そして、あなたの会社の規模が今は小さかったとしても関係ありません。

このWEBマーケティングを活用できるようになると、個人ですら爆発的な効果を発揮し活躍できるようになります。そして、企業の場合は、営業マンは不要になります。ホームページが大半営業を行うので、営業マンを多く抱える必要がなくなります。

ある業種では、上場企業であっても、営業マンが1人しかいません。この会社では、WEBマーケティングを活用し、1人で業界シェアの半分を取っているというから驚きです。このように最適化すれば、ここまで極限に経費を削減し大きなインパクトを与えることも可能になります。

ホームページにかけた金額と集客に因果関係はない

では、この会社は、いまでこそ急成長し、業界にインパクトを与える存在になりましたが、なぜ、いままでは、水面下から抜け出せなかったのか。フロント・エンド商品を準備し、WEBマーケティングを行う前までは、ホームページがなかったのかというと、そんなことはありません。

専門業者を入れて何百万円もかけてつくった商品専用のホームページがあったにもかかわらず、まったく集客ができていなかったのです。いまの時代は、会社のホームページ以外にもこのように商品自体のホームページをつくることは珍しくありません。

しかし、その業者がつくったホームページからの問合せは、月1件。これでは、商品専用のホームページを立ち上げても何の役にも立ちません。ではなぜ、ホームページ作成業者に高額なお金を払ったにもかかわらず、このようなことが起きてしまったのかについて、分析していきます。

7　専門業者がいたのに、なぜこれまで脱却できなかったのか

ホームページ業者に集客ノウハウがない理由

ホームページ作成会社というのは、インターネットが普及する前までは、主にパンフレットや会社概要などの紙媒体を作成していたデザイン会社が多いのです。それが、インターネットの普及で、ホームページ製作の業界に参入する会社が多いのですが、デザイン会社なので、基本、綺麗なデザイン性のあるページは作成できても、売れるホームページをつくることはできません。なぜなら、デザインとマーケティングはまったく職域が異なり、違う技能を必要とするのです。事務員は、営業ができないのと同じで、デザイナーは綺麗にデザインをすることはできても、集客することはできません。事実、私の教え子には、ホームページ会社を行っている人もいます。

その他、プログラムを開発する会社がホームページの受注を取るケースです。こちらも同様に、プログラマーにはマーケティングの知識はありません。こちらの場合は最悪で、プログラムはかけても、売れるページはおろそか、綺麗なページのデザインすらできません。

集客できるホームページと集客に役立たないホームページ

その事実を知ったうえで、あなたが、業者に「発注しているか」ということです。世の中には、集客できるホームページとパンフレット代わりの集客に役立たないホームページの2つがありま

す。

本書でご紹介するのは、集客するための方法なので、あなた身の周りで知っている人はほぼいないはずです。その証拠に、あなたが付き合っている、ホームページ会社やＳＥＯ業者は、業界が引っくり返るような成果を出せていないはずです。それだけ、集客というのは難しく、綺麗なホームページをつくればお客様を獲得できるほど簡単なものではありません。

しかし、集客の仕組みさえ知ってしまえば、お客様は自動的に集まってきます。そして、すべて数値化できるので費用対効果を計測しながら効率的にお客様を獲得することができます。

悪徳業者に騙されないようにするには

あなたは、いま付き合っているインターネット業者を過信しすぎています。

本書で学び、冷静にその業者を見てみましょう。その業者は偽物もしくは、仕事欲しさに過剰営業しているのがわかるはずです。いつも良いことをいって、契約を延長させるが、成果を出せない。ただ毎回、なぜ騙されるのかというと、あなたに最低限の知識がないからです。そして、その業者のことを集客の専門家だと勘違いしている。ホームページをつくる専門家とホームページで集客を行う専門家は根本的に違います。

まずはその認識を持ち、更にあなた自身が業者に１００％任せず、設計や戦略をあなたが率先して行うべきです。あなた自身が集客に必要な知識を身に付ければ、悪徳業者に騙されることはなくなります。悪徳業者は、言葉巧みに、情報弱者を狙ってきます。

8　企業が陥る業者選定の罠―いま、付き合っている業者は詐欺師かもしれない

あなたが付き合っている業者は詐欺師かもしれない

あなたはホームページを業者に任せっきりになっていませんか。あなたがプロだと思っているその業者は、詐欺師かもしれません。他人事ではないので、一度見直すことをお勧めします。

先日、私のクライアントになった人に相談を受けたのです。そのクライアントは、接骨院を営んでいる店主。ＳＥＯ会社と契約しているけど、役に立っているのかが不明なので調査して欲しいというのです。

一般的な、ＳＥＯ業者が行っている主な方法としては、指定されたドメインに外部リンクを貼ることで、上位表示させる手法をとるのですが、その会社は全くの逆。というか、店主が勘違いしたのかもしれませんが、情報弱者を狙ったビジネス形態になっていたのです。

情報弱者を狙った悪徳業者が行うビジネス形態

その手法とは、自分がポータルサイトを運営し、そこに対して契約者がリンクを貼り、そのポータルサイト自体をＳＥＯで上位表示させていたのです。その接骨院は、自分のホームページには何の効果もない費用を毎月払い、その悪徳会社のために自分がＳＥＯのパワーを送ってあげていたのです。当然そのサイトは接骨院専門のポータルサイトなので、そこに来訪した患者さんを、

契約者である接骨院に誘導するというビジネスだとは思うのですが、そのポータルサイトに来訪者した人を掲載された接骨院の中から見つけるのは難しい。

このように、世の中に飛び交う言葉だけに惑わされると、今回のような情報弱者を惑わすような会社のカモにされてしまいます。この接骨院の店主には、その会社との契約を切るようにいいましたが、あなたも思い当たることはありませんか。

効果の出ていない契約はいますぐ解約する

知らないというだけで、気づかない間に損をしているかもしれません。もう一度、何にお金を払っていて、それが本当に役立っているのかを見直してみましょう。特に月額課金で支払っているケースは、効果検証を定期的に行うことをお勧めします。

特に、企業で多いのが、前任者が担当していて、よくわからず毎月お金だけが出ているものは、要注意です。大半の場合、価値はなく、ただ昔の契約が自動継続されそのまま引き落としされています。特にインターネット関連のものは、すぐに状況が変わるので、短いスパンで判断しても大きな支障にはなりません。

以前、多かったのが、ホームページ作成ビジネスです。集客ノウハウなどなく、集客ができるからといってホームページを高額で販売し、リースを組ませ結果、集客など一切できずに、支払いだけが残る。私の教え子も、昔に騙されたようですが、後の祭りです。自分を守るためにも、最低限の知識は身に着けておきましょう。

9　本業＝プロではない――本当に成果を出せるのは数パーセントしかいない

本業の人が望む結果を出せるとは限らない

先日、出産のためにタクシーに乗り、病院に行ったのですが、タクシーの運転手が最短の道を知っているとは限らないということを思い知らされました。タクシーの運転手は地元であっても道を知らないのです。私が知っている道は、いつも空いていて自宅から病院までの距離は、ワンメーター。しかし、その運転手は、私が想定する以外の道を走り始めたのです。

私は、運転手が選んだ道なのだから自分が知っている道より早く着くと思い、任せたことが最大の間違いでした。はじめに住宅地に入ったと思ったら、開かずの踏切に列をなし、結局三倍の値段を請求されたのです。いつもは温厚な私もさすがに怒りました。本当に知らずに遠回りしたのか。それとも、少しでも高く請求するために、わざと遠回りしたのかわかりませんが、タクシーが本業だからといって、最短距離を知っているとは限らないことを実感しました。

それからは、タクシーに乗るときには、行く道を自ら指示するようにしています。

何を目的としているかを明確にし発注する

これは、ホームページ業者も同じです。プロだから任せておけば大丈夫ということはありません。今回のタクシーのように、遠回りしても目的の場所に着ければいいと考えているならまだしも、こちらの希望と相手が同じことを考えているとは限りません。

まずは、業者に依頼するにしても何を目的とするかを明確にしましょう。カタログ代わりのホームページが欲しいのか、集客を得意とするホームページを必要としているのか。それによってまったく内容も値段も違います。

人間でいえば、事務員とＴＯＰ営業マンでは給料が違うのと同じで、集客ができるホームページが安くできると考える方がおかしいのです。なぜ、ホームページを使って集客できるのかというと、綿密な調査だけでなくお客様心理をひも解いて作成するから、集客が可能になるのです。

集客できるホームページは構成の段階から大きく異なる

通常のホームページは、家で例えると、プレハブです。ひな形に沿って、その会社のコンテンツを入れていくだけのバイト作業なので、価格も安く仕上げることができます。一方、集客を目的としたホームページはオーダーメイドハウスになるので、調査の段階から大きく違います。

お客様が検索するキーワード調査からはじまり、切り口を見つけ、競合調査、自社の強みなど様々な角度でアプローチを行い、膨大な時間と作業を要するから大きな成果を生み出します。

それを混同し、ただホームページの作成依頼をしたら集客もできると考えるから期待外れのものが納品されるのです。

また、相見積で比較するのであれば、項目だけを見比べても意味はなく、条件や仕様は最低限同じにしなければ値引交渉しても無駄になります。

10　一部しか知らない――影で操るネット仕掛人の存在とは

心理誘導を行う戦略のもとにサイトは構成されている

今回、事例でお話している「発券機」のように、ネットを使って爆発的な効果を生み出す仕掛人が世の中には存在します。人の感情をキーワードから読み解き、行動心理を巧みに操り、集客します。

こちらから、プッシュ型で売り込むのではなく、興味ある人を入力したキーワードによってターゲティングし、脳構造を意識した広告文によってサイトに出迎え、ご提案する。この流れをつくるために、リサーチに膨大な時間と労力をかけ、心理誘導を行う戦略をたてるのです。

集客にインターネットを使う理由

集客を行ううえで、インターネットを使う理由が2つあります。

1つめは、基本構成は他の媒体とほぼ同じなのでDMやFAXでも十分な効果を出すことはできますが、他の媒体との大きく違う点は、費用対効果が高く一度に多くの人に向けてアプローチできる点です。

これは、DMやFAXのようなターゲティングした人に向けて配信するプッシュ型と違って、必要な人だけ、プル型でアプローチする点が違いとなります。

お客様からのダイレクトアプローチが費用対効果を高めている

もう1つの理由は、他の媒体では不可能なことが、ネット集客には隠されています。それは、お客様自身が解決策を求め、自ら「検索窓」に打ち込んでいるということです。これにより、誤差の少ないダイレクトアプローチが可能になります。他の媒体では、ここまで絞り込みアプローチすることはできません。

そういった意味でも、このインターネットを使ったマーケティングというのは、絶大な効果を発揮します。

新規集客を行うファーストアプローチの段階で、ここまでターゲットをセグメントし、アプローチできるメディアはいまのところ他にはありません。

集客の根源にある原則はいつの時代も変わらない

ただ、インターネットの効果は無限大なのですが、15年ほど前に一般化されたメディアのため、集客として使いこなせる人がまだまだ少ないのと、インターネットは、スピードが速い分、ありとあらゆる手法が出ては効果をなくし、また違った手法がネット上を賑わしています。ただ、根源にある原則はいつの時代も変わりません。

逆にいえば、その方程式を知らないと、あなたはこの先フェイスブックにとって代わるメディアに振り回されることになります。メディアに主導権を取られないためにも、その原理原則となっている方程式を見ていきましょう。

11　あり得ない驚異的な数の問合せが殺到した理由

インターネット集客に隠された2つの鍵

いつの時代も変わらない、そして今後も継続する普遍的な方程式があります。その方程式さえ間違えなければ、あなたはこの先も勝ち続けることができます。

その方程式とは、インターネット集客における、2つの重要な鍵を示します。

1つめの鍵とは、「成約率の高いホームページで出迎える」ということです。

この部分がザルになっていると、いくらアクセスを流しても無駄になります。そのため、まずはアクセスを流す前に、出迎え先を万全にしておくことが重要になります。

そして、もう1つの鍵は、成約率の高いホーページに、「興味ある優良なアクセスだけを大量に流す」ということです。その際、アクセス数にこだわる人がいますが、価値のないアクセスはいくらあっても意味がありません。

2つの鍵の使い方次第では更なる効果を生み出す

この2つの鍵を簡潔に説明すると、商品に興味があるという人の列をつくり、TOP営業マンがセールスを行うから成約率が高まるのです。シンプルですが、これが、ありえない驚異的な数の「お問合せ」を殺到させた理由です。

この方程式には、更に隠された秘密があります。その秘密を知ることで、フェイスブックやブログを使って集客することができます。フェイスブックで儲かったといっている人は、実は、フェイスブック自体で儲けているのではなく、見込み客の開拓もしくはアクセスを流す元として利用しています。

フェイスブック、ツイッター、ブログなどの媒体から、この成約の高いホームページに誘導し、大きな成果に繋げています。ネットだけで完結したければ、成約の高いホームページでは、メールアドレスだけを取得し、その後、フォローメールで関係構築し、セールスに繋げます。

集客先の１つと考えれば、新しいメディアに振り回されることはない

このように２つの鍵の役目を知ることで、もし、この先フェイスブックがなくなったとしてもアクセス元が１つ減ったと考えるだけです。そして、新しいメディアが増えれば、同じくアクセス元が、また１つ増えたと考えればいいだけです。

当然、メディアは、顧客属性が異なっていますので、自分の扱う商品にマッチした見込み客がその媒体に存在していないとしたら、そこからの見込み客を得ることは難しくなります。そのため、まずは自分の扱う商品に適する見込み客がいる媒体なのかを見極め、その後集客の１つになり得るかを考えてから取り組みましょう。

このような視点で見て行けば、新しいメディアに振り回されることなく、施策を設計できます。次の章からは、いよいよ具体的なノウハウをお伝えしていきます。

この章のまとめ

① 成約率を考えず、古いやり方に固執しているとアリ地獄に落ちていることさえ気づけない。
② 新規と既存の集客方法は異なり、お客様の流失率を意識しないと、ビジネスは終わる。
③ 顧客数×単価×購入回数＝売上、要素を分けて考えれば、売上を2倍にすることも可能。
④ 販売しにくい目に見えないサービスでも売り方次第で大きな収益に繋がる。
⑤ フロント・エンド商品をＷＥＢマーケティングに活用することで爆発的な効果を生み出す。
⑥ お客様を集客することさえできてしまえば、業界の常識を変えることもできる。
⑦ ホームページを作る専門家とホームページで集客を行う専門家は根本的に違う。
⑧ 月額課金で支払っているネット関連のサービスは効果検証を定期的に自ら行い、損を回避する。
⑨ ネット集客は、様々な角度でリサーチし、膨大な時間と調査を行うから成果が出る。
⑩ お客様自身が「検索窓」に打ち込むから、誤差の少ないダイレクトアプローチが可能になる。
⑪ 大量に興味ある優良なアクセスだけを、成約率の高いホームページに流すから成約が高まる。

第3章

大企業が売れない時代でも、詐欺商品が売れる理由

1　やみくもに「売るから」売れない――必要としている人を見つけ出す視点

必要ないといっている人に売るから嫌われる

人は、物を買うとき、必ず理由があります。たとえ、それが自分にとって害になるとわかっていたとしても。しかし、販売者側は、自分が提供しているものが売れないと、なりふり構わず、まったく関係のない人にまで、販売しようとします。ですから嫌がられ余計に売れないサイクルにはまってしまいます。冷静に考えればわかることでも、この売れないサイクルにはまると見えなくなります。

一番わかりやすい例が、ネットワークビジネスです。売れていない人の典型例は、いい商品だから買ったほうが良いよと、目に付く人すべてをお客様の対象として考えます。

これでは、せっかくのいい商品も、あなたの営業によってイメージを悪くします。一度、悪い印象を与えてしまうと、あなたがその商品を仮に扱わなくなったとしても、あなた自身を避けるようになります。あなたが友人に電話をしても「どうせまた、怪しい商品をセールスされるから出るのやめよう」ということになります。あなたにとっては、いい商品だとしても不要な人には迷惑でしかありません。

そのサイクルに入ると、あなたが扱うものすべてが怪しく見えるようになりますので、誰に紹介すると喜ばれるかをもう一度見直しましょう。

扱う商品の対象が全員と思った瞬間、売れない罠にかかる

では、どのようにしたら、この売れないサイクルを抜け出し、あなたの商品を喜んで買ってもらうことができるのでしょうか。

まずは、欲しい、必要だといっているお客様を見つけるのです。当たり前のように思われますが、そう思う人に限って本当の意味で理解できていません。例えば、あなたがホームページ作成を販売する会社だった場合、対象は、会社だけでなく個人も含めるとビジネスをやっている人すべてになります。そうなると、全員がお客様に見えるはずです。

しかし、そうこう思った瞬間、売れない罠にかかったことになります。

得意とする分野にフォーカスする

まずは、その罠から抜け出すには、ターゲットを絞り込むのです。

マーケットには必ずシェアがあります。対象がすべてだとしても、すべてのお客様を独占することなど、そもそも無理なのです。まずは、そのことについて理解するべきです。全員が対象にならないと知れば、自分が得意とする分野にフォーカスするのです。業種を絞る、内容を絞る、時間を絞る、いろいろな視点で絞り、専門分野を決めます。

例えば、ホームページ作成でいえば、接骨院専門のホームページの作成、集客に特化したホームページ作成といった具合に、いまの時代、なんでもできるという人は、逆に、何についても専門的ではないと解釈されます。、最適な回答を得るには、絞ることが専門性を高めます。

2　誰に伝えるかを明確にしなければ始まらない

ターゲット設定が甘ければ反応は取れない

あなたのお客様は誰ですか。ターゲットを把握できていますか。あなたのメッセージを誰に伝えるかを明確かつ詳細に設定しないと、始めは少しのずれだったものが、最後は大きなずれとなりまったく響かないものとなります。すべては、この「誰に」を決めることから始まります。

おそらくターゲットを、決めずにビジネスをやっている人などいるのと思われるでしょうが、大半の場合、そのターゲットの決め方が甘いのです。大雑把にターゲット設定しているとすべてにおいてメッセージが響かなくなります。

あなたの思考とお客様の思考は同じではない

これだけ世の中いいものが常識化すると、様々な分野でどんどん種類が増えています。ビールを例にしてもわかるように、一昔前までは、黒ビールが好きだといえば、自分も好きといったように、共通する人も多かったのですが、いまは、黒ビールも何種類もあるので、ここの黒ビールは好きだけど、他の黒ビールは飲めないという差にまで発展しています。

もはやこれだけ、種類が増えてくると自分の考えと一緒の人すら見つけるのは大変です。昔は、自分が欲しいものをお客様に提供すれば通用していましたが、それは、選択する種類が少なかったからです。

しかし、最近は、よい商品で溢れ、数多くの選択肢に囲まれた結果、情報が氾濫し、わからなくなっているのです。だからこそ、詳細にターゲティングする必要があります。それも個人を特定するまで、詳細なターゲティングが。これを、ペルソナターゲティングと呼びます。

既存客の共通点を集約した１人の人物をつくり出す

ペルソナターゲティングとは、そもそも「仮面」との意味で、特定の1人が想定できるまで、追求したターゲティングを行うことで、その人だけに響くものが仕上がります。

もし、あなたが購入ボタンの色に悩んだとします。そして、スタッフにも意見を求めます。しかし、いくら議論を重ねても最適な答えなど見つかることはなく、時間を無駄にするだけです。

それはなぜか、あなたは提供する側であってお客様ではないからです。いくら頭のいいあなたが考えても無意味なのです。もし、簡単に反応を得たければ、あなたの意見は一旦、置いておいて、ペルソナが好むボタンの色にすることです。

ではなぜ、あなたの意見では反応が取れず、ペルソナを基準にすると反応が取れるのかというと、あなたが抱える既存客の共通点を1人の人物としてつくり上げるから反応に繋がるのです。

いままでのお客様の情報をすべて表にし、共通点を集約してください。性別・年齢・趣味思考・仕事・家族構成など、想定できるもの、すべてが対象となります。その際注意もあります。お客様は、常に移動していますので、反応が落ちてきたら、ペルソナの見直しを行うことも必要です。

3　商品を購入することで得る「結果」を望んでいる

害とわかっていても結果を優先するのが人間心理

お客様は、商品自体が欲しくて買っているのではありません。その商品を購入することで、得ることのできる「結果」を望み、購入しています。ダイエットを例にしてお話すると、サプリメント商品自体が、欲しくて購入している人など、おそらく1人もいません。「この味が最高」などと思いながら、飲んでいる人はいなく、痩せて綺麗になった自分を夢見て、我慢しながら飲んでいるのです。その事実を、販売者側になると、見失ってしまいます。その結果、成分が最高だとか、5つのフレイバーなどと、商品アピールが始まります。

しかし、お客様が本当に望んでいるのは、「痩せた自分」です。極論、痩せれば、害とわかっていても飲んでしまうのが、人間です。

もちろん、誰だってまずいものより美味しく飲みながら痩せるほうがいいに決まっています。それをわかった上で、味を研究しなければ、意味がありません。

お客様と結果の間に割り込むと、あなたは障害となる

お客様の望む結果を無視して販売するとどうなるのか。当然、お客様に嫌がられます。

お客様と結果の間に割り込んでしまうと、あなたは壁となりお客様にとっての障害になります。

【図表１　お客様は結果を望んでいる】

これでは、あなたの商品がいくらいいものだとしても、伝わりません。そのことを無視して、商品の素晴らしさをいくら話してもお客様には、あなたが害虫に見えてしまいます。

このように入口を間違えてしまうと、あなたは余計に商品の素晴らしさをいうはずです。そして、何でこんな素晴らしい商品がわからないのかと、理解しないお客様のことを悪くいうようになります。

こんな経験、あなたにもあるはずです。しかし、これまでに何度もいっているように、お客様にとってみれば、商品品質など二の次、三の次です。品質が最悪でも、結果が出ればお客様は、満足します。

いまの時代どこの会社も品質は良くて当たり前。そんな比較にならないものに時間をかけても無駄になります。まずは、お客様が何を望み、どのような結果を得たいと考えているのかをもう一度再認識してください。その上で、何を提供すれば、そのお客様の理想とする結果に繋がるのか考えれば、無駄な開発をしなくてすみます。

はじめは軌道に乗っていたのに途中から、空回りし始める会社は大抵、お客様ではなく競合他社を基準にしています。あなたは、競合他社とビジネスをしているのではなくお客様とビジネスをしていることを忘れてはいけません。

4　お客様の望む結果を知れば、扱う商品は無限に広がる

商品を購入する経緯には必ず「きっかけ」がある

お客様は、商品を購入する際きっかけとなった出来事が必ずあります。

例えば、ダイエットであれば、痩せたいと思わせたきっかけが存在します。そもそもダイエットはその人が仮に出した答え。人の解釈によっては、ダイエットでなくても良かったかもしれません。そのきっかけは、「最近、太った？」との、彼の一言かもしれないし、もしくは、友人との会話の中で「友人と海に行くため痩せなくては」と、思ったのかもしれません。

人それぞれ、動機は違いますが、ダイエットを始めたきっかけがあるのです。

根源に隠された欲求を探る

そのきっかけの根源を更に深堀すると、その人の理想が見えてきます。ダイエットをした理由にフォーカスするとその背景にあるものが見えてきます。先ほどの例にあった、彼に「最近、太った？」といわれても、彼がぽっちゃりさんを好むのであれば、別にダイエットをしようとは思わなかったはずです。

では、その背景に何が隠されているのかを探ると、彼氏に「かわいいと思われたい」だったり、男性から注目を浴びたいなどの、隠された欲求があります。

もしかしたら、その人の満たされる欲求が、注目を浴びたいということであれば、ダイエットでなくてもいいかもしれません。

しかし、多くの場合、本来の欲求までを考え、答えを出しているわけではないので、とりあえずの答えとして、ダイエットすればいいと思ってしまうのです。

しかし、この隠された欲求を知っておくのと知らずにダイエットのお手伝いをするのとではまったく違います。「かわいいと思われたい」というのが隠された欲求であれば、痩せることで肌荒れしたり、体のボディーラインが崩れて痩せては意味がありません。最終結果として、かわいく思われなければ、痩せたとしても、満足しないのです。

逆に、実際の体重が減らなかったとしても、彼氏に「最近、痩せた？　かわいくなったね」といわれ、希望する結果を得ることができれば、満足しダイエットを終了するかもしれません。

人間の欲求の根源を探ることで次の提案が見つかる

この隠された欲求を意識しておくことで、お客様がダイエットに成功した後、次に何を提案すればいいかがわかるようになります。先ほどのように根源は、彼氏に「かわいいと思われたい」ということであれば、かわいいと思われる洋服を提案してもいいし、美白商品やメイク商品を紹介してもいいでしょう。

人間の欲求には終わりはないのです。満たされれば満たされるほど、欲はどんどん深くなります。

5　悩みを解決するためなら、お金を惜しまないお客様

値下げするとその分集客が大変になる

いままでに一度や二度、価格よりも他のことを優先した経験はありませんか。少しわかりにくいですが、これは何を意味するのかというと、価格は購入する上で、決定要因の中の1つにすぎないということです。しかし、多くの企業は売れなくなると、価格を下げてしまう。これは、非常に安易な考えです。仮に、価格を半額にしたとしても、お客様は倍には増えません。

半額にした場合、当たり前ですが、お客様の数を倍にしなければ、従来の売上にはなりません。価格に手をつけると、それ以上のお客様の数が必要となり、結果、以前より集客が大変になります。

しかし、値下げを安易にする会社に限って、集客にかかるコストを見過ごしています。値下げすると、いままでと同じだけの顧客数では足りないのです。その不足した数を補う集客コストはいままでの何倍にもなります。結果、値下げした分、お客様の数を補う広告費を考えると、値下げする前と比べ利益が減ることを覚悟しなければなりません。

値下げされた商品は死の宣告を受ける

競合他社に比べ、多少安い値段をつけたところで、競合他社からあなたのもとへお客様が流れる割合などごくわずかです。マーケットには、総体数というものが決まっているので、価格を多

少下げたところで、その商品に興味を持つ人が急激に増えることはありません。そう、一度価格に手を付けてしまうと、その商品は死の階段を上がることを意味します。

わかりやすい例はアマゾンです。扱う商品は同じであるため、比較対象は、価格しかありません。そうなると、上位表示させるのに、最安値を付けることになりますが、転売ブームなどで参入者が増えると、価格が一気に下落し、赤字になる可能性が高まります。

転売では、損切りして販売する人もいるので、更に値下げに拍車がかかります。

そして、価格だけを求めるお客様はいい方は悪いですが、質が良くありません。全員ではありませんが、購入後、他の会社の方が安いとわかると、平気でキャンセルをします。その分余計な経費がかかり、利益は更に悪くなります。

値下げせず売りたければ、悩み解決を望むお客様を対象とする

では、どのようなお客様を相手にすればいいのかというと、お金を惜しまないお客様です。これは、お金持ちを意味しているのではありません。人は、悩みを解決するためなら、お金を惜しまないのです。その悩みが深ければ深いほど、更に緊急性が増せば増すほど、価格を気にすることなく購入します。

この視点を持つことで、仮に同じ商品であってもアプローチ次第では、倍の金額であっても購入してもらえます。このように視点を変えることで、一日も早く価格競争から抜け出すことができます。

6　悩みの深さ＝緊急性＝お金の価値

悩みが深く、緊急度合が高いほど、価格への執着はなくなる

世の中には、借金を返すために高利貸しから借金をする人がいます。人は、悩みが深く緊急度合が高いほど、価格への執着はなくなります。正常時は、そんな選択肢はないとしても、借金で首が回らなくなると、高利貸しから借り入れしてしまうのは、その価格（利息）以上のリスクを天秤にかけてしまうからです。

今回の話は、極端な事例ですが、人間は、誰しも他人にはいえない悩みを抱えています。悩みが大きいか小さいかは人それぞれですが、お金では買えないものがこの世の中にはあるのです。

その悩みをキャッチし、解消策を提案することで、価格以外で選ばれる存在になります。

状況をつくり出すことで倍の値段でも売れる

他の事例を見てみます。仮に目の前に腕はいいが、ぼったくりで噂がある病院があったとします。そんな、会話をしながら運転していたら、事故を起こしてしまいました。気づくと、大切な子供が頭から大量の出血をしています。あなたは、迷わず目の前にある、悪い噂の病院に駆け込むはずです。おそらく、手術前に値下げ交渉などせず、急いで手術をお願いするでしょう。仮に3駅離れた場所に、通常より安いと噂される病院があると知っていたとしても。

悪徳業者の手法を活用すれば値下げ競争から抜け出せる

人は、病院の事例のように価格にはかえれないものを持っています。それにもかかわらず販売者はすぐに価格に手を付けてしまいます。しかし、いい商品を提供するためには、ある程度の利益は必要なのです。事実、値下げしたところで、一時的に売れても、すぐその波はなくなります。人は安いから買うのではなく、必要性を感じないから買わないのです。わかりやすい例は、百円ショップです。安くても、すべての商品が、売れているわけではありません。

この価格に対する考えは、あなたの会社も同じなはず、最高の商品、クオリティも高く、お洒落なパッケージ。そして、思い切った価格を提示しても売れない。これは、あなたが悪いのではなく、競合他社も同様にいい商品だから売れないのです。

しかし、商品がいいばかりに販売することに対し、あまりにも考えてこなかったことについては、反省する余地はあります。

逆に、悪徳業者は、無価値な壺を何百万もの値付けし販売します。悩みをあぶり出し、価格以上のリスクを天秤にかけ、騙します。ただ、考えてみてください。無価値な商品を高額で騙して売るからいけないだけで、あなたの素晴らしい誇れる商品をこの考えを活用し販売したらどうなるでしょうか。そうです。他社が行う値下げ競争に頭を抱える日々とはおさらばです。

これからは、いい商品であっても売り方を考えなければ、利益を出すことは難しくなります。なぜ、悪徳業者が不景気であっても販売できるのか。それは、商品が最悪なばかりに必死になって売り方を研究しているから売れるのです。

7　お客様の悩み解決にフォーカスした瞬間に感謝される

悩みを解決する視点を持てば感謝される

あなたの商品がお客様の抱える悩みを解消することができれば、間違いなく感謝されます。誰でも、自分の商品がただ売れるだけでなく、感謝されながら売れたほうが良いに決まっています。そして、人間の購買心理を、もう一度思い出してください。「欲求と悩み解消」です。そのお客様が感じる欲求または悩み解消に商品を結び付けるには、あなたの商品の効果に着目します。

水素水という商品であれば、便秘解消。発券機の商品であれば、混雑解消。といった具合に。その悩みを抱えている人に、あなたの存在を示し、解決策としてご提案すれば感謝されます。

悩みに対し敏感になっているお客様に解決策を提示する

人は悩みを抱えているだけでストレスになります。そして、その悩み解決を求め、そのことについて常にアンテナを立てています。しかし、そこにあなたが商品を売りに行っても門前払いされるだけです。お客様は、悩みを解決することは望んでいても、商品を購入したいわけではないのです。そこを間違え、急ぐから売れないのです。売れないとまた、商品の素晴らしさを強調することとなり、結果、売れないループにはまります。

このような罠に、はまらないためにも、はじめにお客様の希望している解決策に答えましょう。

【図表２　悩みを解決するお助けマン】

具体的には、インターネットの場合、お客様は悩みをキーワードにし、質問として入力するので、その悩みに対し、まずは回答することです。その後、ゆっくり解決策の１つとしてあなたの商品を提案すればいいのです。誰だって、自分の話を聞いてくれない人の話など聞きません。

質問されたことを無視している限り反応は取れない

あなたがいままでインターネットで売れなかったのは、お客様が質問してきていることと違うことを回答していたからです。きっとあなたには、悪気があってしているつもりはないと思います。しかし、日常会話では、普通にできていることがホームページではできていないのです。

あなたはネット上で掲載しているホームページの内容は知っていても、そのページに訪れる見込み客がどんなキーワードを入力し質問してきているかご存知ですか。その質問を知らずしてホームページのコンテンツをつくるから見当違いな回答をしてしまうのです。

検索窓は、お客様の「質問」。ホームページは、その「回答」。この関係性を無視し続ける限り反応を取ることはできません。

8　「戦わないこと」が勝ち抜く秘訣―競合がいない市場を開拓する視点

大手と同じやり方をしている限り、生き残れない

これだけ、どこの業界も競合が増え、どの会社を見ても商品クオリティが高くなってくると、その中で勝ち抜いていくのは、並大抵のことではありません。当然、業界の平均値が上がると、お客様の目も厳しくなり、更に競争は激化します。

そんな状態で、正面切って戦いを挑んでも、資本のある大手には敵いません。いくら、インターネットが、中小零細企業でも大手と肩を並べ戦える土俵があるといっても、同じ土俵では、逆に広告費を大量に投下してくる大手には負けてしまいます。

切り口を変えて、競合の弱い市場で戦う

これからの時代は、「戦わないこと」が、勝つための秘訣です。どういうことなのかというと、切り口を変えて、競合の弱い市場を探します。ここで間違えてはいけないのが、競合のいない場所ではありません。そもそも、競合がいない場所などは、存在しません。仮に存在したとしても、そこは、ビジネスになりません。

1つの目安が、広告です。広告がまったく出ていないキーワードでの検索結果は、危険信号です。そこは、ビジネスにならないという合図になります。いまの時代、誰も気づいていない当た

りキーワード（市場）など存在しません。それは、単に儲からないキーワードなのです。

次に、「腰痛」と検索し、接骨院しか出てこなければ、このキーワードでサプリメントを販売するのは、注意が必要です。同業者がいないということは、儲からない可能性があります。その事実を無視し、広告を行っても売れないという結果を確認するだけの作業になるだけです。

しかし、まったく売れないのではなく、費用対効果が問題だとしたら、改善する余地はあります。どうしても気になるキーワードがあるとしたら、まずは、小さくテストし計測を行った後、そのキーワードで戦うかどうかを決めても遅くはありません。

切り口を変えて市場を見つけ出す

では、どのようにして、切り口を変え競合の弱い市場を探して行くのかについて話して行きます。そのまま製品検索で需要があり、競合他社が弱ければ、それが一番早いのですが、競合が強かった場合、その市場で戦うと費用対効果があわない可能性があります。

そのようなときに切り口を変えます。その方法とは、商品が解決できる「効果」または、商品を使うことで得ることのできる「結果」に着目します。

そして、この効果や結果は、欲求または悩み解決に結び付くものとなるので、お客様が質問した悩み解消策の一環として、商品を提案することができます。それを入口とした切り口に需要があり、その市場における競合が弱ければ、そこはあなたが狙う市場になります。これからの時代は品質ではなく、切り口を変え、いかに戦わない市場を見つけるかが勝ち抜く秘訣になります。

9　攻め口が変われば競合も変わる―攻め口なくして競合調査しても無駄

おろそかにリサーチするとメッセージは響かない

競合が強い場合、切り口を変え違う市場に行くことで、費用対効果が良くなるだけでなく勝てる確率が格段に上がります。そこで、重要になるのが、競合調査の相手です。この競合調査はもちろん、市場調査などのリサーチをおろそかにすると、まったくお客様に響かないものとなり、結果、自分の意見を押し付けるだけのものとなります。

次に、Unique Selling Proposition（市場が求めていて、競合がまだ行っていない、自社の強み）を考えていくことで、差別化となるものを探って行きますが、その際、注意しなければいけないことがあります。その部分を無視すると、効果が半減します。

市場が変われば、ＵＳＰも変わる

ＵＳＰ（Unique Selling Proposition）を学んだことがある人は、「同業」がやっていないことだけを探し、独自の強みを決めてしまいがちですが、この攻める市場によって、競合が変わってくることに気づいていません。

ＵＳＰで見落としてしまうのが、「市場が求めていて」という部分です。当然、市場が変われば、自分のポジションだけでなく、お客様に対する価値の提供やお客様が求める要求も変わります。

これは、少し考えれば当たり前のことなのですが、多くの人は市場を決めずに同業者の調査しか行っていません。わかりやすい例でいえば、弁護士。離婚専門もあれば、ＩＴ専門もあります。同じ弁護士でも市場（対象）が異なれば、比較になりません。

しかし、これが自分の業種になるとわからなくなる人がいます。瞑想してしまいがちな業種としては、コンサルティングやコーチングです。先ほどの弁護士の例でもわかるように、大カテゴリーだけ見ても意味がありません。重要なのは、攻める市場（対象）になります。その点をもう一度、見直しＵＳＰを考えてみましょう。

市場を変えることで勝てる可能性が格段に上がる

市場が変われば、施策や戦略も変わります。競合が強い市場では、リサーチを含め、施策や戦略もかなり研究されていますが、弱い市場では、まったく施策や戦略がないことも珍しくありません。そのため、弱い市場に行くことで、同業が行っている施策など過剰に意識することもなくなります。それだけこの市場探しは、その後の成否を分ける最も重要な要素となります。

例えば、アルカリイオン水を販売したい場合、「水」市場で戦いを挑もうとすると、どこの会社も綿密な戦略のもと施策を行っているので、費用対効果があいません。しかし、商品の効果（除菌・消臭など）に着目し、切り口を「足の臭い」の市場に変えることで、勝てる可能性が格段に上がります。当たり前ですが、市場を変えると、同業の水を扱う業者は減り、逆にパウダーや石鹸といった競合が比較対象となります。

10　攻める市場が変われば、販売平均単価が変わる

市場を変えることで平均単価は変わる

当然、市場が変われば、競合も変わり、その市場における平均価格も異なります。先ほどの、「アルカリイオン水」市場であれば、仮に平均単価が千円であれば、それ以上の価格設定をする場合、他社に比べ価格が高い理由を述べなければいけませんが、戦う市場そのものを「足の臭い」に変えることで、取って付けたような理由を述べる必要もなく平均価格が必然的に上がります。

仮に、「足の臭い」市場では、平均価格が五千円だとすると、千円のアルカリイオン水を、三千円で販売しても、安い印象を与えることができます。

比較対象を変えることで価格に対する違和感が払拭される

人は、比較対象を元にその商品の価値判断をしています。当然、同じアルカリイオン水が、2つ並んでいたら、大きな差がない限り、安いほうを選びます。

しかし、足の臭いを解消する商品が2つ、パウダーとアルカリイオン水で並んでいたら、そのパウダーが価格も含め比較対象になります。

仮に、パウダーではなくアルカリイオン水が選ばれた場合、改めて、アルカリイオンの市場に戻り、アルカリイオン水同士の比較はされません。理由は、お客様は、その比較するアルカリイ

オン水が、足の臭いを解消する効果があるかわからないからです。

足の臭い以外の市場で、成分だけをみて類似商品の価格を比較し買うことは専門家でもほぼありません。効果を謳っていなければ、仮に成分が同じだとしても効果ないと思うのが普通です。

そのリスクを考えるからこそ、足の臭いの効果を謳っていない他の安いアルカリイオン水は比較対象にはなりません。それが、効果を謳っていないだけで、本当は効果がある商品だとしても…。

他社より高額なものを安く感じさせる方法

その他、価格を安く見せる方法があります。その比較対象を他社の商品ではなく、購入特典をつけることで、商品自体の価格を麻痺させてしまうのです。五千円の商品を買うだけで、十万円分の特典が付いてくるとしたら、仮に、他社より数千円高かったとしても、あなたは、その五千円の商品を高くは感じないはずです。

ただ、原価がかかるものをプレゼントするのであれば、お客様が生涯に渡り支払う平均合計と契約数を事前に把握しておく必要があります。プレゼント欲しさでとりあえず契約する人もいるので、全員が継続することはありません。

また、継続契約する人の売上からはじめのプレゼントの原価分を補う必要があるので、先行投資にはありますが、しかし、プレゼントを付けないときに比べ、桁違いの契約数になります。

あとは、このプレゼントを付けたことで、どれだけ契約数が上がりそれを補う経費率がどのくらい上がったかも把握しておきましょう。

11　お客様に原価など関係ない――欲求と悩みの深さが価格に反映される

機能価値だけで価格設定すると原価の3倍が限界になる

企業が価格設定を考える場合、いくつかのやり方がありますが、お客様にとっては、企業が考える価格設定など興味ありません。仮に、原価が高く差益の低い商品だとしても、価値を感じなければ、お金は払いません。逆に、原価は非常に安かったとしても、それを払うだけの価値を感じれば、高くても買います。

例えば、お祭りのときに見かける銀の風船。原価はおそらく数十円。それを千円で売っているにもかかわらず、買うお客様がいるのです。原価から見れば、１００倍近い価格設定。しかし、企業が付ける価格はよくて3倍です。これは、それだけ、人件費がかかっているからということではなく、逆に、お客様にそれだけの価値提供しかできていないということです。この先も目先にある機能価値にだけに着目している限りは、販売価格は原価の3倍が限界でしょう。

感情価値に着目すれば、原価の１００倍でも売れる

銀の風船のように、機能価値の少ないものは、感情価値に着目しているから、１００倍の値段でも売れるのです。ただ、普通は、感情価値を高めたところで、原価がそもそも高いものを１００倍にしても、売れません。

それは、価格のレバレッジによるものです。10円の原価の商品を１００倍にしても千円。しかし、１００万円の原価の商品を１００倍すると、１億円です。小さいものをいくら転がしても、大きさなど知れていますが、元々、大きいものを転がすと、ものすごい勢いで成長します。

しかし、人は大きく感情を揺さぶられると、１００万円の原価である一億円の商品ですらお金を払ってしまうのです。仮にお金がなく借金を抱えたとしても。

感情は機能価値の何倍もの影響を与える

それだけ、感情は価格に影響を与えるということです。悪用は禁物ですが、機能価値だけにフォーカスしている間は、あなたが伝えたいメッセージも届かず、価格競争に陥るだけです。

価格競争から抜け出したければ、感情価値を視野に入れ、「欲求と悩みの深さ」を意識することで、高くても売れるようになります。人は、払った相当の価値を感じます。それが、たとえ10万円の商品でも、もらったものであれば、その人が感じる価値は薄くなります。逆に、自ら２万円を支払い購入したものであれば、最低でも２万円分の元を取るという意識に変わります。

恐れず感情価値を高める努力をしながら、値段設定を行いましょう。安くして買ってもらうという考えは捨て、価格以上の価値を提供し、お客様自身の覚悟も提供者が決めると考えれば、恐れることはありません。ただし、あなたにも値段設定した価格の10倍の価値を提供する覚悟は必要です。間違っても価値の提供なしに、感情を逆手にとって高い値段を付けるのは信用を失うだけです。

この章のまとめ

① お客様を独占することなどできない、ターゲットを絞ることがあなたの専門性を高める。
② 既存客の共通点を集客した1人の仮想人物としてつくり上げるから反応に繋がる。
③ お客様は、商品自体が欲しくて買っているのではなく、結果を得るために商品を買っている。
④ きっかけの根源を深堀することで、お客様の理想が見えてくる。
⑤ 価格は購入する上で決定要因の中の1つにすぎず、値下げした分集客コストは上がる。
⑥ これからの時代は、いい商品であっても売り方を考えなければ、利益を出すことは難しい。
⑦ 検索窓はお客様の質問、ホームページは回答。この関係性を無視する限り反応は取れない。
⑧ 効果や結果に着目することで、お客様の悩み解消策の一環として、商品を提案することができる。
⑨ 切り口を変え競合の弱い市場で戦うことが、勝てる可能性を格段に上げる。
⑩ 平均単価の高い市場に行くことで、商品を変えることなく割安感を演出できる。
⑪ 価格競争から抜け出したければ、「欲求と悩みの深さ」を意識し、感情価値を高める努力をする。

第4章

昔から語り継がれる
普遍的マーケティング10の手法

1　お客様の抵抗を避けアプローチする2つの販売方法

目的によって段階を変え、反応率を高める

マーケティングとは、興味ある人を目の前に連れてくることを意味しますが、インターネットに限らず、マーケティングを活用し、効率よく反応を得るには、お客様が感じる抵抗を避け、スムーズなステップで、成約してもらう必要があります。

あなたはインターネットで、１００万円以上する高額商品を、ワンクリックで購入した経験はないはずです。10万円前後の商品であれば、可能性はありますが、数百万円する商品となると話は別なはずです。それが、仮に店頭で手にしていたとしても。

高額商品は段階を設けることで成約率を高める

人は、高額になればなるほど、ワンクリックで購入することはできません。それは、金額に比例して、警戒心が高まるからです。これは、インターネットだけに限ったことではありません。百円ショップで衝動買いしたとしても、車や家を衝動買いしたという話を聞いたことがありません。

人は、値段が上がるにつれて、買う理由を問うようになります。自分に対するいいわけといってもいいかもしれません。

それを回避する方法が、ステップ販売です。

低価格の商品であれば、効率的に考えて、そのまま1ステップで決済させることをお勧めしますが、高額商品の場合、そのままネット上だけで完結するのは、非常に難しいテクニックを要します。

そのため、ネットだけで完結させるのではなく、ホームページでは、お客様情報をとることにフォーカスします。

欲張って色々行うのはかえって反応率を下げるだけです。

目的を失い、ホームページでの役割がぶれてしまうと、高い反応を取ることはできません。

2ステップの目的は売ることではなく個人情報を取得すること

ポイントは、目的に集中します。その目的が、お客様情報をとることであれば、どのようにしたらお客様に、個人情報を入力してもらえるのかだけにフォーカスします。お客様が、強烈な営業を覚悟し、個人情報を入力してしまうものとは何であるかを考えます。

例えば、家を建てることを検討している人に、「悪徳業者を見抜く7つのポイント」小冊子やDVDを示したら、見込み客は迷うことなく個人情報を入力してしまうとは思いませんか。

【参考例】

1ステップ販売……「青汁５００円」購入はこちら

2ステップ販売……「悪徳業者を見抜くテクニック7つのポイント」ＤＶＤプレゼント

2　黒字会社に共通する「フロント・エンド＋バック・エンド」構造とは

儲かっている会社は、なぜ赤字で販売しても儲かるのか

あなたには、意識している競合他社がいるはずです。同じような仕様で、同じような価格。さほど変わらないデザイン。その会社が、原価割れを覚悟し、10万円もする商品を1万円で販売したらどう思いますか。当然、驚き、賢いあなたはこう考えるはずです。

価格破壊だ、そんなことしたら業界が潰れると。そして、倒産でもするのかなと疑うでしょう。このように、あなたがバカなことをしたなと思っている間に、多くのお客様が一気にその会社に流れました。

しかし、その会社は赤字で販売したにもかかわらず、利益が加速しています。これが、儲かっている会社に共通する手法です。ただ、これからお話する構造を考えず、単に値下げ販売すると、大量なお客様を抱え倒産するだけです。これでは、あなたが考えたようにただのバカです。

不況に左右されないビジネス構造とは

目先の利益を求めて、この会社は、値下げ販売したわけではありません。儲かる仕組みをベースに戦略として、大幅に値下げし販売したのです。仮に、あなたが目先だけを真似したら、倒産するのはあなただけです。では、儲かる会社に共通する仕組みをご説明します。

この会社は、1万円で販売した商品をフロント・エンド商品にしたのです。そのフロント・エンド商品というのは、集客用の商品です。フロント・エンド商品を選ぶ際は、売れていない商品を安くしても意味がなく、誰もが欲しがる最高の商品を、安く提供することで、爆発的な集客力を生み出します。1万円でもいいし、無料でも構いませんが、最高の商品を赤字覚悟で提供するからこそ効果を発揮します。

ただ、競合の状態によっては、フロント・エンド商品で儲けているケースもありますが、当然、赤字覚悟で行ったほうが、大きな反応を得ることはできます。その際、赤字でやっているからと手を抜いてしまうと、お客様の信用がなくなり、この仕組みは効果を失います。

収益は、集客商品で集まったお客様に対して、バック・エンド商品を販売することで成り立ちます。この考えは、見込み客に販売するのと、顧客に販売するのとでは、成約率が格段に違うという心理をもとに設計されたものです。

ただ、この仕組みを考える際の注意点は、バック・エンド商品からフロント・エンド商品に向けて設計を考えます。これを逆に考えてしまうと、必ず行き詰まり失敗します。まずは、バック・エンド商品を売るには、何がフロント・エンド商品として最適なのかを考えるのがポイントです。

【参考例】

高枝切りバサミ（フロント・エンド）↓造園サービス（バック・エンド）

ゲーム本体（フロント・エンド）↓ゲームソフト（バック・エンド）

会社設立代行（フロント・エンド）↓税理顧問契約（バック・エンド）

3　売りにくいものでも売れてしまう「パッケージ」戦略

パッケージ戦略を用いることで新しい成長曲線を描く

世の中には、合計でいくらかかるのかと考えてしまうものや複数商品があってわかりにくいものなどが存在します。

しかし、このように一見、販売しにくい商品でも「パッケージ」にすることで売りやすくなります。この手法は、業界によってはすでに浸透しているので、お客様にとってもお馴染みな手法ではありますが、業界によってはまったく活用されていません。

しかし、このパッケージ戦略は、考え方次第ではどんな業界でも活用することができます。最近、よくこのパッケージ戦略を見かけるようになったのは、エステ業界です。一昔は、総額いくらかかるのか不安だった業界の1つでしたが、このパッケージ戦略を用いることで、馴染みやすい業界へと変化しました。

【参考例】夏を楽しめ!脱毛3点セット（6回コース）5万円

パッケージ化させたものをフロント・エンド商品にし爆発的な効果を出す

これもエステ業界の事例になりますが、両脇脱毛500円（1年5回）

当然、500円で採算とれるはずありません。これを怪しいと思ったあなたは古い。これは、パッケージ化させたものをフロント・エンド商品にしたにすぎません。エステ業界で、統計を取った結果、脱毛に興味がある人は、美に対する意識が高く、脱毛をきっかけとして他のサービスを受ける確率が高いことがわかったのです。

その集計結果があるからこそ、無理に売り込まずして、脱毛を終了すると、シミ取りや脂肪吸引といった高額商品へとランクを上げていくのです。このようにパッケージ化を応用するとお客様への理解が深まるだけでなく、敷居を下げたことで、不安が先立ち躊躇していた人にも気軽に体験していただくことができます。

お試しするお客様（見込み客）の数と成約率が売上を決める

ビジネスは、確立するとすべて数値化できます。逆に数値化できない状態のときは、まだビジネスが確立できていない状態といえます。

例として、両脇脱毛５００円のサービスを１００万円かけて広告し、お試しするお客様が１００人集客できたとします。この時点で、お試しするお客様にかかった広告費は、１人１０００円です。しかし、５００円は回収できるので、この広告を行うことでの顧客獲得単価は、５００円になります。そのうち、30人が10万円のサービスを購入した場合、売上が３００万円となり、広告費１００万円、人件費やサービスの経費が80万円なら、利益は１２０万円になります。

あとは、顧客獲得単価５００円を下げる施策を考え、その後の高額商品を購入するお客様の成約率（人数）を上げることができれば、経費はそのままで利益を増やすことが可能となります。

4　お客様が抱える契約のストッパーを外す「リスク・リバーサル」

契約を前向きに考えている人の気持ちを汲み取る

お客様は、少なからず契約に対してリスクを感じています。その抱えるリスクを引き受ける（リバース）ことで、契約数を上げることができます。しかし、お客様は決して、そのリスクを口にしません。その理由は、大半の場合、説明できるほどのリスクではないからです。

それは、感情が下した決断に対し、理性が本当にいいのかと問いかけているのです。

その契約に関する最後の自問自答は、契約を考えている人にしか訪れません。そもそもまったく興味のない人には、どんな提案をしても無視されるので、契約を前向きに考えている人にフォーカスしたリスクの回避策を提案しましょう。

全額返金だけが、リスク・リバーサルではない

インターネットで商品を販売している人によく見かけるのが、全額返金保証というものです。

最近では、全額返金を逆手に取った詐欺まで出てきているの、全額返金をリスク・リバーサルにする人も減りましたが、テンプレートなどを使っている人は、意味もわからず、未だとりあえずつけている人もいます。しかし、「全額返金＝リスク・リバーサル」ではありません。返金などしなくても十分にお客様のリスクを回避することは可能です。逆に、業界によっては、返金で

は回避できない問題というものもあります。そしてお金で解決できるものは限られています。

値引も同じですが、お金というのは、取引を行う上でのきっかけでしかありません。そのきっかけを境に、よくなることもあれば、悪くなることもあります。ただ、お客様も事前に契約後の状態を想像するのは難しく、判断に悩みます。しかし、その契約前の不安を回避できれば契約率は高まります。

返金保証がかえって逆効果に

「手術で失敗したら、全額返金」あなたが病院でこんなことをいわれても、その病院で手術をしたいとは思わないはずです。これは、患者が感じているリスクを無視し全額返還を申し出ても、このように見当違いなことになるだけです。

「患者が抱えるリスクとは何か」を考え、その感じているリスクを代わりに引き受けるのです。もしかしたら、難しい手術であれば、その手術の実績の数でも、リスク回避になります。または、術後の監視体制について不安を抱えているのであれば24時間モニター監視のほか、患者１名に対し、専門医２名が待機ということでも、リスク回避になります。

このようなお客様が感じるリスクを無視し、とりあえず返金保証をつければいいと考えるとかえって、逆効果になります。まずは、契約を止めている悩みの根源を探り、お客様の立場でどのような回避策があれば、契約するかをもう一度考えてみましょう。きっと素晴らしい回避策を提案することでスムーズな契約に結び付きます。

5　もう買わずにはいられない―背中を後押しする「オファー」

オファーは、成約率に大きな影響を与える

オファーとは、「提案」という意味で、問合せをもらう意味付け（フックとなるもの）になります。イメージ的には、リスク・リバーサルで心の障害を下げ、オファーでその低くなった障害を乗り越えさせます。

いい方を変えれば、このオファーは、個人情報との交換券でもあります。その意識を持たず適当なものをオファーにしてしまうと、存在の価値を失います。反応が芳しくない場合は、キャッチコピーかこのオファーを見直すことで改善するといわれるほど、このオファーは、成約に大きな影響を与えます。

オファーにはどのようなものが効果あり、どのような考えでオファーを提案するのがいいのかを見ていきます。

1ステップ販売でのオファーは売り方重視

1ステップ販売の場合は、商品そのものになります。ただ、商品をそのまま掲載して、反応が取れる場合と売り方を工夫しないと反応が取れない場合があるので、注意が必要です、単品売りなのか、それともセット販売なのか、購入することで、プレゼントがあるのか、または、初回は

送料のみ負担させ、その後、自動継続課金されるのかなど。単純に商品を販売するといっても、手法や見せ方は色々あります。

まずは、競合他社のほか、上手く行っている会社の売り方を研究すると施策を行う際、役に立ちます。

【参考例】

初回のみ1万円の商品が、半額で購入できます。

初回のみ送料500円の負担で体験していただけます。

いまなら購入者全員に、10万円分の特典が付きます。

2ステップ販売でのオファーは有料な価値あるものを無料で

高額商品や見えないサービスを売る場合は、イメージやすいものをオファーにすると高い反応に繋がります。ただ、注意するポイントは、有料の価値あるものを無料で提供することです。

資料請求など元々無料で手に入るものをオファーにしても、大きな反応に結び付くことはありません。見込み客が何を必要とし、どんなことに興味があるのかを知ることが大切になります。

【参考例】

コンサルティング商品の場合……30分無料相談

リフォーム商品の場合……「悪徳業者を見抜く7つのポイント」DVD

発券機の場合……全国デモ出張無料

6　ここまでされたらもう断れない「返報性の法則」

買ってとは一切いわないのに、買わずには帰れない

返報性の法則とは、有料の価値あるものを、まず与えることで、お返ししなければと感じてしまう法則のことを示します。一番わかりやすい例は、スーパーの試食。「どうぞ、食べて食べて」というだけで、買ってとは一切いわないのに、一度試食を食べてしまうと、そのまま帰るのに気が引けてしまう、その間に、「別も味もあるからどうぞ」と、違う味を勧めてくる。ここまでされたら、もう買わずには帰れない。これが、返報性の法則の力です。

ただ、間違えてはいけないのが、有料のものでもあまり関連性のないものを与えても意味がありません。懸賞やお金などは返報性の法則は働かず、プレゼント目当ての人が集まるだけです。

同じ情報でも、提供の仕方によって効果は変わる

ただ、価値あるものを与えるといっても、インターネットで使う場合、注意する必要があります。仮に、同じ情報だとしても、提供の仕方によっては、効果が「ゼロ」になります。具体的には、サイト上で閲覧者全員に、情報提供してしまうと、申し込む理由づけがなくなり、問合せに繋がりません。

しかし、情報を小冊子にし、申し込んでいただくことで「もらった」との認識に変わり、返報

性の法則が働きます。ただ、小冊子といっても必ずしも郵送する必要はなく、提供の仕方としては、ＰＤＦにし、申し込んでいただいた後にメールで配布しても構いません。その場合、住所が入手できないので、送料がかかったとしても、郵便で送ることをお勧めします。

この法則は、特定の人に対し、自らの行動でもらったと認識されるから効果があるのです。

返報性の法則をオファーで活用し、反応率を上げる

この法則を、インターネットで活用するには、オファーと絡めることで、反応率を何倍にもすることができます。１ステップの場合は、特典を付け、この法則を利用します。２ステップ販売の場合は、始めに提供するオファーで、この法則を利用します。

オファー内容によっては、この効力は変わります。価値を感じてもらえばもらうほど、比例して、法則の力も働きます。ただ、業界によってもまったく効果は違います。

正直、インターネット業界では、全額返金同様に、この返報性の法則の効果はなくなりつつあります。その理由は、全員が同じことをやっているからです。これでは、効力がなくなっても仕方ありません。しかし、その他の業界であれば、まだ他の会社が取り組んでいないことなので、十分に効果を感じるはずです。

どれだけの価値を提供するかは、その業界によって異なりますが、意識しなければいけないことは、お客様に価値があると感じてもらい、感謝されるものでなければ意味がなく、効果にも繋がりません。ポイントは、どれだけの価値を先に提供できるかが重要になってきます。

7　いま、買う理由を明確化する「特典＆期限」

「いまだけのお得」感の演出をすることでいま買う理由を提示する

「特典＆期限」を付けるだけで、成約率は上がります。

競合が強い場合や、反応が下がってきた場合など、期限を設定し特典をつけることで反応が高まります。

31日までの申込みにつき、○○がプレゼント！

このように「いまだけのお得」感を演出することで、お客様にとって「いま」買ったほうがいい理由になります。また、このような、期限や特典を付けないと逆にいつでも買うことができると感じさせてしまい、購入の先延ばしに繋がります。

「いま、買わなくては、損をしてしまう」との感情に変わる理由

人は、同じ値段であれば、特典がもらえるお得なほうがいいと考えます。そして、購入の意思がある人は、この特典がなくなることを、マイナス（損する）と感じます。

本来であれば、特典として付加されたサービスになるので、マイナスではありませんが、特典を提示することで、お客様の中では、特典を含んだパッケージ商品との認識に変わります。

ですから、この期限と特典を付けることで、「いま、買わなくては、損をしてしまう」との感

情が働いてしまうのです。

特典と期限を設けることで、損したくないという感情が作用する

なぜ人は、おまけされた特典について、もらえないと損という感情を抱いてしまうのか。それは、知らず知らずに他人と比較をしてしまっているのです。

これは「あなただけ」は特別といわれると、自尊心が刺激されいい気分になるのと同じで、自分だけは得したいと考えます。

また逆に、自分だけ損するとなると話は別で強い抵抗を感じます。

「自分だけは得したい」＝「自分だけは損したくない」というのが、隠された欲求になります。その隠された欲求を刺激するからこそ、この特典と期限は、効果を発揮します。

また、テクニックとして、特典は毎月、同じものではなく、３つ用意し、その３つをローテーションさせ、特典を変えることで、ネタバレの心配を防ぎます。

なぜ、３つ用意するかというと、多くの企業は検討期間を3か月程度と考えているからです。

【参考例】

本日のお申込み限定で、枕を購入すると、いまなら枕をもう1個プレゼント！

テレビショッピングが使う常套手段に期限を設けることで、限定感を演出し成約を促します。

限定感が演出できれば、個数に制限をつけても期間に制限をつけても効果は同じです。

これは、値引くより、特典を付けたほうが成約率に影響すると実証されています。

8　顧客生涯価値を意識した瞬間に商品への執着がなくなる

お客様が望む価値を提供し続けることが利益を最大化させる

お客様は、欲求に対し、一時的に満足することはあっても、完全に満たされることはありません。人間の欲求は常に成長し、満足を感じることのできる自覚レベルは上がり続けます。この欲求に着目すると、商品に拘ることなく、お客様の成長にあわせ商品をご提案していくことができます。

お客様に、ただ商品を買ってもらうのではなく、お客様の成長の段階にあった商品を提供していくことで、お客様から得ることのできる利益は最大化します。

この1人のお客様から生涯に渡り得られる利益を「ライフタイム・バリュー」と呼びます。

生涯に渡る平均売上がわかると他社には真似できない戦略が打ち出せる

この顧客平均単価がわかると、目先の利益が仮に赤字でも、広告費を投資できます。

サプリメント販売を例にして、ご説明すると、1か月に1本消費する1万円の商品を 平均6か月購入することがわかった場合、原価が仮に6本で1万円だとしたら、広告費は5万円を超えなければ、赤字にはなりません。

その商品をご利用いただく1人あたりの生涯売上の平均価格がわかれば、どこまで広告費を投入できるか算出できます。

また、この平均値を把握しておけば、他社には真似できない思い切った戦略が打ち出せます。

さらに、平均的な購入期限（6か月）が過ぎる前に違う商品を勧め、移行率を算出することができれば、もっと大胆な戦略も行えるようになります。また、始めの商品では赤字でも次の商品で黒字化すれば、他社はなぜこんに広告費を使った戦略が行えるのか不思議に思うはずです。

使命を変えれば、顧客生涯価値は上がり、得られる利益は倍増する

あなたの使命（役割）を変えることで、アイデアは無限に広がり、いまの商品がお客様の悩みを解決した後、次に何を提案するかがわかるようになります。

接骨院の店主の場合、体のゆがみを治すことが使命だとすると、これまでと同様に体のゆがみを治す技術を磨くことになります。しかし、この店主が、自分にかかわるすべての人の健康をお届けするのが使命だと認識すれば、技術以外に食や健康について学び、患者様のライフスタイルまで影響を与える存在になります。

当然、使命が変われば、取り扱う商品ラインナップも変わります。そして、あなたがどのようにお客様に価値を与え、助けていくのかを考えれば、顧客生涯価値は上がり、商品への執着はなくなります。

結果として、得られる利益は倍増します。ただ、継続的なフォローを行わないと、あなたの存在は薄れ忘れられてしまいます。

多くの企業が、ポイントカードなどを用いて、顧客化する意味がここに隠されています。

9　購買したその瞬間が、売上を倍増させる最も効果的なタイミング

経費を増やさず売上を上げる3つの施策

経費を増やすことなく簡単に、売上を上げる3つの方法をご紹介します。

その手法とは、アップ・セル、クロス・セル、ダウン・セルと呼ばれるものです。
①　アップ・セルとは、追加料金をとり上位版を販売すること
(例) いまなら100円追加で、SサイズがMサイズのポテトになります。
②　クロス・セルとは、関連商品を販売すること
(例) ナゲットもいかかですか。
③　ダウン・セルとは、予算がない人に低価格の簡易版を販売すること
(例) 最小限の機能に限定した、簡易版もあります。

効果を最大化するタイミング

この3つの武器の効果を発揮させるには、提示するタイミングがあります。タイミングを無視して、闇雲にこの追加提案をしても効果は半減します。

その最適なタイミングとはいつか、それは「決済」している瞬間です。

レジでいえば、注文している最中。これが、早くでも遅くてもいけません。先ほどの3つの事

例を示した、案内告知を見たことはないはずです。

これは、事前告知しては、いまだけのお得な提案という演出にならなくなります。

いまだからお得、いまだからお勧め、いまだからこの価格。この「いまだけ」というキーワードが、鍵になります。

事前告知しないほうが売れるアップ・セル

先日、大手ハンバーガーショップでキャラクターのカレンダーを販売していました。販促のために、ポスターをつくり店内で価格を掲示し宣伝を行っていましたが、売れている様子はありませんでした。

これは、中途半端に、事前告知してしまったために、会計の際に提案しても断られてしまうのです。その理由は、ハンガーバーショップにカレンダーを購入するために来店していないからです。

これも先ほどのアップ・セルの手法で販売すれば、売れるようになります。事前告知を一切行わず、興味ありそうなお客様にのみ、「キャラクターのカレンダーもありますが、いかがですか」と提案すれば、おそらく子どもは「欲しい」とはしゃぎ、その親も価格を聞く前に「いいよ」と答えるでしょう。

その後、価格を聞いて失敗したなと思っても。よほど高いものであれば別ですが、その雰囲気で「やっぱいいです」と断れる人はいないはずです。

10　なぜやらない、やらないだけで売上をドブに捨てるワンタイム・オファー

見込み客からお客様になった瞬間に売り込むから反応が高い

こちらも同様に、売上を付加させる手法ですが、逆にこれはやらないと売上を捨てることになります。その方法とは、ワンタイム・オファーです。わかりやすくいえば、「ついで買い」を促す手法です。購入した直後に、オファーし、キャッシュオンさせます。扱う商品によって多少の前後はありますが、平均20％の人がついで買いをするといわれています。

なぜ、これだけ高い反応率を出せるのかというと、成約が確定した後なので、商品はまだ届いていなくとも、見込み客からお客様になった瞬間に売り込むから効果が高いのです。

先ほどのアップ・セルやクロス・セルとの違いは、セルは売る手法であり、ワンタイムは、売り込むタイミングです。

アップ・セルやクロス・セルは、購入している最中にオファーすることもありますが、ワンタイム・オファーの場合、購入した直後になります。

そして、回数も1回である必要はありません。売り込む回数が、多すぎるとさすがに嫌がられますが、関連するいいものを紹介していると考えれば、マイナス的に考えることもありません。

オファーは、ネットでの成約後だけでなく、商品を配送する梱包の中にも、チャンスはあります。多少の手間が売上を上げるのであれば、やらない手はありません。

ワンタイム・オファーで効果を出す事例

どんなものが、ワンタイム・オファーに向くのかというと、オーソドックスなものとして、関連商品をクロス・セルします。ポイントは、通常販売していないものをオファーすることで限定感を出します。または、一括購入してもらうことで、値引の提案などもこのワンタイム・オファーでは効果を発揮します。

その他、単品商品を販売し、ワンタイム・オファーでセット商品を割引いて販売するケースなどもあります。

メイン商品より安いものを提案し、ついで買いを促す

ワンタイム・オファーでは、メイン商品より値段の低いものをオファーし、ついで買いを促します。20万円の商品を購入した直後に１００万円の商品をついで買いさせるのは、テクニックを要しますが、10万円であれば、さほど難しくはありません。これは、確率論のビジネスです。

ワンタイム・オファーを活用した例をご紹介します。１人20万円の商品を販売する場合、仮に10人が購入し、その内20％にあたる２人が、さらに10万円の商品をついで買いしたら、本来２００万円の売上が２２０万円になります。ワンタイム・オファーしたことで経費を増やすことなく、20万円が一瞬でキャッシュオンされたのです。

見込み客に売るより、すでにお客様になった人についで買いしてもらうほうが成約率も高く、満足度も上がります。そう考えると、ワンタイム・オファーしないのは、機会損失になります。

この章のまとめ

① ホームページで達成する目的を明確にしなければ、期待する成約を得ることはできない。
② 誰もが欲しがる最高の商品を、安く提供することで爆発的な集客効果を生み出す。
③ 販売しにくい商品でも「パッケージ」にすることで売りやすくなる。
④ 契約を止めている悩みの根源を探り、感じているリスクを引き受けることで契約に結び付ける。
⑤ リスク・リバーサルで心の障害を下げ、オファーで低くなった障害を乗り越えさせる。
⑥ 返報性の法則を、オファーと絡めることで、反応を何倍にもする効果がある。
⑦ 期限と特典を付けることで、「いま、買わなくては、損をしてしまう」という感情を働かせる。
⑧ あなたの使命を変えることでお客様への価値提供が広がり、結果として顧客生涯価値も上がる。
⑨ アップ・セル、クロス・セル、ダウン・セルには、効果を最大化する適切なタイミングがある。
⑩ 見込み客からお客様になった瞬間に売り込むから、経費をかけずに平均20％の人が購入する。

第5章

「検索窓は、悩みの窓」売込み不要！　見込み客が集まる

1　はじめから商品を購入する人は、検索窓を使用しない

お客様の「検索」理由を無視している限り反応は取れない

インターネットを検索する人のほとんどは、商品を買う目的で利用していません。元々、ネットで商品を購入する気がある人は、「楽天」や「Amazon」「価格.com」と、指名検索します。ただ、それも2回目以降になれば、お気に入りに入れてしまい、商品を購入するのが目的であれば、検索すらしない人もいるほどです。

当然、企業が検索する人のことを考えないで、商品を掲載し、価格を提示しても、反応が取れないのは、会社の規模や知名度の有無ではありません。検索する人の目的は購入ではなく、単に調べものをするために「検索」しています。購入する気のない人に、無理やりSEOで上位表示し、サイトを見せても反応が取れないのは、お客様の「検索」理由を無視しているからです。

小手先のSEOなどのテクニックに振り回されずに戦略を考える

大きな結果を出している会社は、戦略を持って取り組んでいます。小手先のSEOなどのテクニックに振り回されることなく、一気通貫した戦略の元、テクニックは部分的に活用しています。そこにこそ、爆発的な結果を出している会社とそうではない会社との差があります。

成果が出ていない会社は、戦略など一切考えず、需要のないキーワードで、上位表示して喜ん

でいます。例えば、「社名」。社名で検索する人が、お客様になる可能性は限りなく「ゼロ」です。社名検索する人は、訪問するために情報収集を行っている営業マンか、新入社員ぐらいです。

このような会社は、上位表示したことに満足し、その後、何も反応がないとしても疑問すら持っていません。成約を無視して、上位表示することが、目的になってしまっているのです。

ただ、まれに社名で成約になるケースがありますが、この場合、対策を行ううえで注意しなければなりません。このケースは、お気に入りされた感覚に似ています。その理由は、成約までに何度もホームページに訪れた過程で社名を認知し、指名検索され成約になったにすぎません。しかし、精度の低いアクセス解析で判断すると、最後のキーワードが表示され、勘違いすることになります。重要なのは一番始めに検索して訪れたキーワードを対策しなければ意味がありません。

パンフレットだけで受注できるほど甘くない

なぜ、このようなことが起きるのかというと、先ほどの「社名検索」の部分に繋がるのですが、お客様は社名で検索すると勘違いしています。誰かに紹介されたパンフレットにある社名を検索し、ホームページを見ることでお客様になると信じています。

この程度でお客様になるのなら、営業マンなど不要です。会社概要だけをＤＭしても成約しないのと同じで、パンフレット代わりのホームページを見ただけでお客様になるほうが奇跡です。

営業マンが戦略を持って仕事を受注しているように、ホームページでも同様に戦略なくして成約することなどなどありません。

2 多くの企業が勘違いしている検索需要を無視したキーワード設定

検索需要を無視してキーワードを設定しても反応は取れない

インターネットの優れているところは、すべてデーターが取れるところです。当然、検索している人の数（月間検索数）を把握し施策が行えるので、他の媒体のように、どれだけ需要があるのかわからない状態で対策するリスクはありません。

ただ、多くの会社は、この公開されている月間検索数を無視して、自分が望むキーワードを設定しています。一番やりがちなのが、「商品名」です。もちろん、商品名をキーワードとして、入れてもいいのですが、インターネットのことをまったく理解していません。

その理由は、その商品名をどうやって広げるのかまで考えていないのです。

上手く行っていない会社は、ネット集客の根本を間違えている

ホームページでの集客が上手くいっていない会社は、集客方法を勘違いし、肝心な集客の部分を、アナログで考えています。しかし、ネットには他の媒体にはない、特有の集客方法がありま す。その特性を生かさず、ホームページを開設しても、見てもらうまでにお客様に手間をとらせるだけです。

ホームページは、ただネット上に情報を公開しても集客には繋がりません。お客様が検索を使

い質問してきている回答をホームページで示さない限り、サーバーに負荷をかけるだけの一方的なコンテンツになるだけです。

検索需要を意識しキーワード設定する

仮に需要のないキーワードで検索順位が、１位になったとしても、何も起きません。そもそも検索している人がいなければ、何も始まらないのです。まずはどこに自分の求めている見込み客がいるかを探すことから始めます。ただ人がいればなんとかなるほどあまくありません。その際、自分の希望する見込み客が、製品名で検索しているのか、それとも悩みの解消策を求め検索しているのかを調べなくてはいけません。この段階で、キーワードを見誤ると、その後、いくら広告費をかけても見込み客を見つけることはできません。もう一度、自分のターゲットとなる人がどんなキーワードで検索しているのかを見直しましょう。

検索需要があっても「売れないキーワード」には要注意

キーワードには、検索需要があっても「売れないキーワード」というものが存在します。そのキーワードで、上位表示を果たしてもアクセス数だけが上がり、成約には繋がりません。

インターネットは、労力をかけるかお金をかけるかしかありません。ＳＥＯ対策を行う場合「売れないキーワード」に、労力とお金をかけるほど、バカなことはありません。まずは、ＰＰＣ広告を使い「売れるキーワード」を見つけてから、対策を行いましょう。

3　悩みを打ち明ける場――それが「検索窓」

「検索する側の事情」を無視して考えても反応は取れない

人は、インターネットで検索する場合、質問や悩みをダイレクトに検索窓に打ち込みます。例えば、腰が痛ければ「腰痛原因」だったり「腰痛解消法」など。その他の例では、手紙の書き方がわからなければ、「手紙書き方」だったり、「手紙書き方テンプレート」といったように、自分の疑問を打ち込み、回答を探しています。

しかし、自分がインターネットを使って探す場合は、このように打ち込むのに対して、企業がキーワードを決めるときは、まったくその「検索する側の事情」を無視して考えるから反応がとれないのです。

キーワードはあなたが決めるのではなくお客様が決めるもの

対策するキーワードを設定する際は、自分の考えやこだわりは捨ててください。キーワードは、あなたが検索するものではなく、お客様が検索するものです。その実際に検索されている需要を知らずして、思いのままキーワードを設定しても空振りするだけです。

まずは、自分の商品に関連するキーワードはどのようなものがあり、検索されているのか、そして、需要がなかった場合、どのようなキーワードを設定すれば、お客様を誘導できるのかを考

【図表３　グーグルキーワードツール（無料）】

えながら探していきましょう。

検索需要を事前調査してから対策を行う

前にもいいましたが、商品の購入を考えている人の多くは、ショッピングサイトを使います。

それ以外の人は、何かを探す際に、製品や業種で検索を行います。「発券機」だったり「造園業者」といった具合に。

ここで、検索需要があれば、製品や業種名で対策するのが、成約をとる早道ですが、キーワードによっては、月間検索数がまったくないことも珍しくありません。当然、そのような検索需要のないキーワードでSEO対策やPPC広告を行っても無駄になります。

月間検索数は、グーグルが無料で提供しているキーワードツールというサービスがありますので、まずは、事前調査し、検索している人の数を確認してから、対策を行うようにしてください。

※検索需要の目安が１０００以下ではビジネスにならない。

4　成約しないキーワードの特徴を知ることで損を避ける

検索需要がないキーワードではアクセスされず成約しない

事前に、成約しないキーワードの特徴を知っておく必要があります。まずは、検索需要があるキーワードかどうかを調査します。例えば、駐車場中古機器を販売したいとします。「駐車場中古機器」で検索している人がいた場合、目的意識が高く製品検索になっているので、検索数さえあれば、成約しやすいキーワードといえます。

基本的な、キーワードの考え方は、絞れば絞るほど検索数は減少しますが、逆に成約率は高まります。しかし、残念ながら「駐車場中古機器」では、そもそも検索需要がないので、仮にSEO対策を行っても、反応は取れず成約には繋がりません。

ビックキーワードはターゲットがずれていく

キーワードは、検索需要とターゲット属性によって、成約率が変わります。設定するキーワードの需要は、小さすぎても、大きすぎてもよくありません。一般的に、ビックキーワードと呼ばれるものは、このビックキーワードは、業種によってターゲットがどんどんずれてしまうので、アクセス数に反比例し成約率が下がります。

では、この場合のビックキーワードとは、どういったものかを見ていきます。

（例）　駐車場中古機器→駐車場機器販売→駐車場経営→駐車場

このように、駐車場まで行くと、ターゲットがずれているのがわかります。先ほどの、駐車場中古機器であれば、おそらく検索している人は、駐車場経営を検討しているとわかるはずです。

もしくは、すでに駐車場経営を行っていて、事故や盗難被害で機器が故障し、一部だけ新品にすることのできない人の可能性も考えられます。どちらにせよ、駐車場経営にかかわる人以外がこのキーワードを検索するとは考えられません。

ビックキーワードはアクセスに対し、成約率は悪い

一方、駐車場というビックキーワードを検索している人は、コインパーキングの利用を考えている利用者、月極め契約を考えている利用者、コインパーキング経営を考えている土地オーナー、月極め経営を考えている土地オーナーなど、それぞれが様々な思いを持って検索してきています。

駐車場中古機器の販売を目的としているのに、月極め契約を考えている利用者にアプローチしてもまったく意味がありません。

このように、ビックキーワードは、確かに検索需要も高く、アクセスも多いのですが、ほぼ関係のないターゲットが多く含まれているので、対成約率が悪くて当然です。ビックキーワードの裏に隠されたターゲットを分析すると、ほとんどのキーワードには、販売者側とお客様側の双方が含まれることがわかります。ビックキーワードに対し、広告を出すといくらターゲットにあった最適な文章を表示しても望まない属性のアクセスがあつまり、広告費を無駄にしてしまいます。

5　プロもミスるキーワード設定―リサーチが成否を分ける

プロでもキーワードをミスる理由

キーワード選定が成否の鍵を握っているといっても過言ではないのですが、集客のプロを名乗る人でもミスってしまうほど、このキーワード選定というのは難しい項目になります。

なぜ、プロでもミスるのかというと、データは見ることはできても、基本、その分野のことを知らないのです。むしろ、クライアントの方が、その業界のことやお客様のことを熟知しています。

ただ、クライアントは、データの見方がわからないため、このすり合わせを十分に行わないと、まったく見当違いのキーワードで攻めることになります。

インターネットで集客を行う場合、戦術やテクニックより始めのリサーチが重要になります。

データだけに頼るな想像だけでは成果は出せない

リサーチの段階で、できるだけ漏れがない状態にして仕上げると、圧倒的な成果に繋がります。

上手く成果を出せない人は、リサーチを怠り、おおよそこんな感じだったなと、想像でごまかしますが、大きな成果を出したければ、まずは正しいリサーチを行いお客様の思考を表面化させる作業がその後の成否を分けるとこになります。

また、B2Bの商品であれば、業界用語というものも存在します。これは、データを探っていくより、その業界に精通している人に聞けば、すぐにわかることです。

これも、誰に向けて売りたいのか、そして、いままでどんなお客様が買った経験があるのかを知れば、業界用語で攻めるのか、業界用語は避けたほうがいいのかなどもわかってきます。

ただ、業界用語で攻める場合は、月間検索数がビジネスとして成り立つ数があるかどうかも見ておく必要があります。いくら購買に直結する最適なキーワードが見つかったとしても検索需要が少なければ、収益は期待できません。

リサーチが成功の80％を決める

インターネットで成果を出している人は、テクニックをフル活用し、成功を収めているように思えますが、実は施策に取り組む前の、リサーチにかなりの割合を占め準備しています。

逆に、このリサーチの部分が十分にできてさえいれば、あとは、どのようにその集めた情報（コンテンツ）を活用していくかだけの作業になります。

料理でもそうですが、始めに具材をテーブルにすべて出しておけば、あとは正しい順番で調理していくかだけになります。上手くいかないパターンは、都度、必要に応じて、具材を探しつぎはぎにしてしまいます。結果、最終的な統一性が取れなくなり、何の成果も出せません。

始めに、最低限考えられるお客様が好む具材はすべて揃えておきましょう。ポイントは、お客様が好む具材です。あなたが好むものを想像し具材として用意しても、受け入れられない可能性が高まるだけです。

6　ビジネスの可能性を広げるキーワードの変え方

検索需要のあるキーワードまで遡り売れるキーワードを探す

狙いたいキーワードで検索需要がなかった場合、どうしたらいいのかについて考えていくことにします。

製品名は、成約を取りやすいキーワードではあるのですが、そもそも検索需要がなければ、反応を得ることはできません。その場合は、下から上にキーワードを上げ、検索上位階層を探っていきます。

【参考例】

駐車場中古機器で検索需要がない場合は、その上の階層の、駐車場機器販売で探し、そこでも需要がなければ、またその上の階層を探ります。

【図表４　成約に繋がるキーワードを探す】

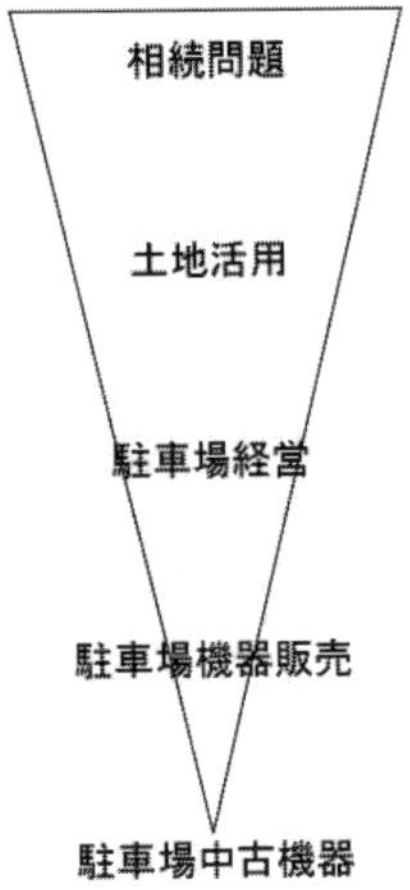

階層を上げると、検索需要も高くはなるのですが、販売したいものから離れていき、あとからホームページ内で結び付ける流れの構築が大変となるため、基本は下から上げていきます。

自然な流れで提案することができる

このように切り口をまったく変えるのではな

く、検索上位階層を探っていくことで、スムーズに商品をご案内することができます。

ただ、スムーズな流れを構築するには、検索需要とのバランスになり、どの階層のキーワードを入口とするかによって流れも大きく変わります。

すべては、検索キーワードにより、ストーリーが始まることを忘れてはいけません。お客様は、あなたが好き勝手いうことを望んでいません。お客様の意思表示は、すべて始めに入力するキーワードでしかないのです。

今回の例で説明すると「駐車場経営」の階層で、検索需要を見つけた場合、駐車場経営のことについて調べている見込み客が集まってきます。

その人たちに、駐車場経営のことを教えてあげることで、お客様は検索した質問の回答を得ることになります。

次に、そのはじめの回答を得た見込み客は、おそらく収益や費用が気になり、疑問を持つはずです。このように流れに沿って回答していくことで、今後はこちらから提案を行えるようになります。

最後は、実際に機器を購入する話に繋げたいのですが、その際に、新品と中古品を比較させ、中古品が魅力的に見えるような設計を行えば、必然として、中古品が選ばれます。

キーワードをこのように設定することで、サイトの流れが情景として浮かぶはずです。無理なくスムーズに成約していただくには、明確に想像できるようになるまで、サイトの構成を考えることが大切です。

7　切り口・視点を変えた「キーワード選定」でマーケットに宣戦布告！

悩みにフォーカスすることで切り口は無限化する

製品名や業種名で検索需要がない場合や競合が強すぎて費用対効果があわない場合は、切り口を変えて検索需要を探すことになります。

その場合、商品が持つ効果を基準として、その効果が解決できる悩みにフォーカスし切り口を考えます。このように悩みにフォーカスすることで、切り口は無限化され、あとはその悩みに困り、解決策を望んでいる人がどれだけいるかを探ります。

キーワードによっては、ビジネスにならない切り口も存在する

その際に、重要なのが検索されているキーワードになります。

例えば、「○○解消」や「○○対策」といったキーワードであれば、お金を払う、払わないは、別として何らかの方法で解決を望んでいることだけはわかります。このようなキーワードは、十分にお客様になる可能性はあります。しかし、「○○対処法　無料」といったキーワードの場合は、そもそもお金を払うつもりはないとキーワードが物語っています。

このようなキーワードが多発している場合は、無料での対処法が一般的である可能性があるので、この切り口は対象外となります。

小さな違和感だとしても離脱される

あとは、そのキーワードを選ぶことで、スムーズに商品に繋げることができるかを構成として考えます。基本は、商品が持つ効果をベースに考えるのでまったく違う流れになることはありませんが、あまりに不自然な流れで構成すると違和感を与えてしまい、成約しません。

お客様は、この小さな違和感を敏感に感じとり不快に思えば、すぐに去り（離脱）ます。

これは、実際の会話を考えればわかると思いますが、話が少しでもかみ合わないと話を聞くのが嫌になるのと同じで、人は知らない間に、次のストーリーを予測しています。人は話を聞く上で、快適な流れを期待しています。これは子どもの頃から教えられたストーリーが影響しているからです。

アプローチを逆算し、解決策のご提案を行う

切り口を変えたキーワードを選ぶ場合は、どのような人が、どのような悩みを抱え、どのような解決策を望み、最後は、どのような未来を期待しているのかまで考え、構成を決める必要があります。そして、自社の商品が、その悩みを解決することができることをきちんと説明し、ご提案します。ここでのポイントは、売り込むのではなくあくまで解決策のご提案です。ただ、アプローチを逆算し、対象となるキーワードを探しているにすぎません。

しかし、このようなアプローチを行うことで、心から救われ感謝する人がいるもの事実。そんな方への救いの手を差し伸べてあげましょう。

8　切り口を決定づけるもの―それは、「二次被害」

悩みを放置することで二次被害が想定されるキーワードを狙う

切り口を変え、キーワードを選定する際に、決定づけるものがあります。
それは、その悩みを放置することでの、二次被害です。直接的な悩みは、誰しもが感じていることなので、わかりやすく、その数値も検索需要に比例されますが、その悩みの深さを更に知ることで、そのキーワードを選ぶ際の指標にします。

【参考例】

はじめに、商品・サービスが解決できる効果に焦点をあてます。

(例)アルカリイオン水の効果・・・洗浄・消臭・除菌

次に、効果を期待すると仮定されるターゲットが望む悩みの深さを、検索需要を参考にしながら比較します。

このとき、ターゲットを探していくポイントとしては、悩みを解決策として効果を希望する人は、いないかを考えます。

赤ちゃん入浴（検索需要９９００）……洗浄
ネコ　消臭（検索需要６６００）……消臭
足臭い（検索需要３３１００）……消臭＋除菌

【図表５　切り口の探し方】

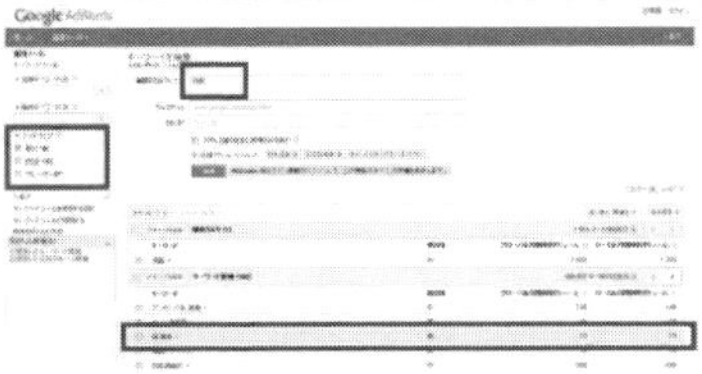

①効果を検索（例）消臭
②マッチタイプは、
部分一致にチェック
③検索結果で目星をつける
※検索数が少なくてもＯＫ
<結果>
（例）猫　消臭（73）を再調査

④再調査する言葉を類義語で検索
※日常使う言葉で検索を試す
<結果>
猫　臭い（6600）
ネコ臭い（5400）
月間検索数 1000 以上あるものは
キーワード候補として考える

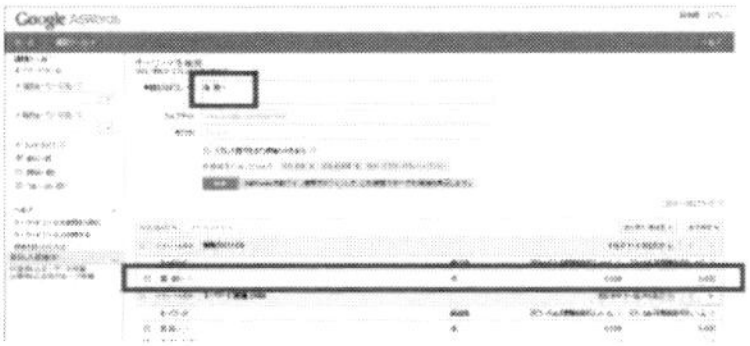

二次被害に着目することで、切り口の確信に繋げる

候補に上がったキーワード（抱える悩み）を放置することでの二次被害を考えます。

赤ちゃん入浴……肌荒れ、悪臭
ネコ　消臭……ダニ、・ノミの発生
足臭い……人間関係の亀裂、座敷飲み会の断り

これらの悩みは放置することで、更に拡大します。
その二次被害に着目して切り口の確信に繋げます。

キーワードツールを利用し切り口を探していく方法

その他、グーグルが提供するキーワードツールを使い切り口を探していく方法もあります。

効果を入力し検索します。検索結果として、表示される検索需要の中にヒントが隠されています。この段階では、月間検索数が少なくても問題ありません。調査結果に表示されたキーワードを更に類義検索を行うことで深掘りし、ニーズあるキーワードを見つけることができます。

この章のまとめ

① お客様の「検索」理由を無視している限り、反応をとることはできない。
② 自分の見込み客が、製品名で検索しているのか悩みの解消策を求め検索しているのかを知る。
③ 実際に検索されている需要を知らずして、思いのままキーワードを設定しても空振りするだけ。
④ キーワードは絞れば絞るほど検索数は減少するが、逆に成約率は高まる。
⑤ テクニックに頼るのではなく施策に取り組む前のリサーチをきちんと行うことが成果に繋がる。
⑥ スムーズに成約していただくには、明確に想像できるようになるまで、サイトの構成を考える。
⑦ 解決できる悩みにフォーカスした切り口を考え、売り込むのではなく解決策のご提案を行う。
⑧ 悩みを放置することでの二次被害も考慮し、キーワードを決定する。

第6章

キーワード入力の瞬間、「吸い込まれて訪問する」

1　あなたの商品を必要とする人が、検索するキーワードとは

直接的なキーワードに需要がないかを調査する

月間検索数を参考にしながらお客様のニーズを探っていきます。まずは、「製品名」での検索需要がないかを調べます。自分の抱える悩みに気づき、解決策として、その製品を指名してきているお客様なので、成約する可能性が高いことは確かです。ただ、あなたのところで成約するかは、まだこの段階ではわかりませんが、あなたの目の前にまで来ている状態といえます。

製品名検索の場合、必ず仕様やサービス内容で競合比較されます。まずは、比較対象となるテーブルに乗るための仕掛けを行い、その中でも優位な立場で、お問合せをもらうことが、その後の成約に影響を与えます。

製品を使う可能性がある「人」に着目する

次に、製品名で月間検索数がない場合は、検索上位階層を探っていきます。その製品を使う可能性のある人は、どんな人で、どんなことに興味があり、何をやっている人が、その製品を使う可能性があるのかを考えていきます。

例えば、駐車場中古機器を購入する可能性がある人は、駐車場経営を検討している土地オーナーとなり、検索キーワードは、「駐車場経営」や「コインパーキング経営」などが考えられます。

その他、厨房機器の購入を検討している人は、レストランの開業を検討している店主が想定され、検索するキーワードは、「レストラン開業」や「飲食店経営」などになります。ここでは、製品名検索ほど明確な形で競合が現れる可能性は下がりますが、意識しておくことは必要です。

商品が解決できる悩みを逆算し、求める人にアプローチする

最後に、検索需要がないもしくは競合が強い場合、商品が解決できる効果を逆算し、悩みを抱える人が検索するキーワードを探していきます。その際に、解決できる効果は何があるかを把握し、その効果によって、どのような人が救われるのかについて考えていきます。

例えば、ウォーターサーバーが、解決できる効果は、「すぐにお湯が沸ける・放射能を含んでいない」になるので、その効果によって、救われる人は、子育て中のお母さんなどが考えられます。赤ちゃんのミルクをつくるのに、毎回お湯を沸かすのは、面倒であり、ましてや放射能の心配のないミルクを飲ませたいと思うのが親心です。そのような悩みを解消する提案ができれば、成約に繋がる可能性が高まります。その際、想定できるキーワードは、「赤ちゃん　水」や「放射能　水」などが考えられます。

このように、悩みを抱える人にフォーカスすれば、切り口は無限に広がります。あとは、その悩みに対しお金を払ってでも、解決したいかどうかも重要な要素となります。それを見分ける基準は、放置することでの二次被害です。この二次被害の大きさが、解決を望む欲求値となり、想定される被害が大きければ緊急性も高く、提供する価格にも影響を与えます。

2　悩みが、ダイレクトに打ち込まれた瞬間に「ロックオン」！

キーワードを入力した瞬間、誘導を開始している

もう1度、あなたがインターネットで検索するときのことを思い出してください。どんなことを検索していますか。疑問に感じたことを「質問」として、検索窓に入力しているはずです。しかし、自身の入力にもかかわらず、あなたは、この瞬間に、「ロックオン」されたことになります。

ここで、動線ができている戦略ある会社は、あなたを滑車に乗せ誘導を開始します。

インターネットの集客は、すべて数値化できる

インターネットでの集客は、すべて数値化できます。例えば、月間検索数が、１０００人あったとすると、10％にあたる１００人はアクセスしてきます。そのうち１％は、成約します。よほどの例外を抜かせば、この平均値に収まります。あとは、優良なアクセスをいかに集められるかということと、同時に成約率を１％ではなく２％、３％にしていく施策を考えていきます。

優良なアクセスの集め方と成約率を上げる施策は、まったく異なることなので分けて考えます。これを、混同し考えると、数値化できなくなります。

ただ、インターネットはすべて繋がっているので、施策を混乱してしまう人がいます。これまでに、何度もいっていますが、ＳＥＯ対策だけにお金と時間を使ってしまう人がいますが、始め

に、成約率の高いホームページがないと、いくらSEO対策でアクセスを集めても、成約数は上がりません。

逆も同じで、成約率ばかり重視して、ホームページの改善を行っても限界があります。すべては確率論であり数字のビジネスです。確かに改善案を出し修正は必要ですが、費用対効果を考えながら行わないと、時間と労力を無駄にすることになります。

同時に複数の施策を行うと効果が判断できない

ホームページの改善を行う際、注意を要するのは簡単な施策でも一度に行ってはいけないこと。例えば、施策が５つあり、一度に修正した結果、30％アップしたとしても、これは、正しいやり方ではありません。同時に行うと、どの施策が効果を出したのかがわからなくなるからです。

① キャッチコピーの文言修正　10％
② ボタンの文言修正　５％
③ オファーの見直し　10％
④ フォームの項目数の見直し　-10％
⑤ 広告文の見直し　15％

これを見る限り、④はやらないほうがよかったのです。個別に施策を行えばマイナスを回避することができます。施策を行いマイナスになった場合、すぐに元に戻せばいいのです。

施策は、同時ではなく、１つずつ効果を確認しながら行うことで成約率が向上します。

3　検索ワードが導き出す深層心理―隠された悩みのベールを覗き見る

検索は質問次第で得ることのできる情報は異なる

検索キーワードから、その人の悩みの深さが見え隠れすることがあります。キーワードは、人によって入力の仕方がまったく異なります。これは、人によって文章の書き方が違うのと同じです。検索も能力といわれ、インターネットには、存在しない答えはないともいわれています。ただ、希望する答えにたどり着けないのは、検索の能力の低さが影響しています。検索の上手な人は、望む答えにたどり着くのが早いのに対し、検索が下手な人は、いつまで経っても答えにたどり着けません。

検索に不慣れな人のことも意識し、キーワードを考える

商品やサービスを提供する側は、その検索に不慣れな人にもホームページに辿り着いてもらわなくてはなりません。これは、キーワードの選定の仕方で実現可能ですので、困っている人を救いたいのなら、検索が上手な人だけでなく、検索に不慣れな人のことも考える必要があります。

ご存知のとおり、インターネットの情報は、プラスな内容のものもあれば、マイナスな内容のものも存在し、検索したキーワードに最適な結果（回答）を与えてくれます。検索需要を見る限り、見込み客は、気軽に深い悩みでも、検索エンジンに相談していることがわかります。

深い悩みに対するキーワードは価格が高くても成約する

以前に、水素水の販売のため、水素水の効果である、便秘に関するキーワードを探していたのですが、そこに、表示されたのは、「便秘解消」以外に、「便秘　妊婦」「便秘　赤ちゃん」といったキーワードです。

おそらく、妊婦のとき苦しい思いをしたので、赤ちゃんが便秘で苦しむのを辛く思うのでしょう。さらに調査を進めると、驚きのキーワードがあったのです。それは「便秘　死亡」。おそらくこれ以上深い悩みはないはずです。

しかし、このようにキーワードを調査していると深い悩みキーワードに遭遇することがあります。もし、このような深い悩みに対するキーワードを見つけ、悩みを解消する提案ができれば、価格など関係なく成約し、お金では表すことのできない感謝をされようになります。

理性では抑えきれない領域にあるキーワード

先ほどの死亡などというキーワードは悩みの度合いがかなり高く精神状態が不安定になっているので、冷静な判断ができなくなっています。また、お金、恋愛、コンプレックスに関するキーワードも同様に、理性では抑えきれない領域というものがあります。

これを悪用することは厳禁ですが、本当にいいサービスであれば、伝えないほうが罪というものです。あなたが解決可能であれば、自信を持って、深い悩みに苦しんでいる人を救ってあげましょう。

4　お客様の段階にあわせた広告文でお客様の心を鷲づかみ

お客様の段階によって広告文は違う

広告を行う際、お客様の段階を無視して広告を出している人がいますが、そういう人はお金を無駄にしていることに気づいていません。同じお客様だとしても、お客様には段階があります。わかりやすくいえば、新規客と既存客では、同じお客様だとしても違います。当然、広告表現も、段階にあわせた広告でなければ、響きません。それを、多くの会社は、無視して同じ広告を出しているのです。

新規客と既存客では、受取り方も響く点もまったく違います。新規客には、新規のときにしか感じない不安というものもあります。

既存客になることで、その不安はすでに解消されているので、そのことを改めていわれても、響きません。

そのため、新規客を集客するには、「期待感」を与えることが重要です。新規の段階では、サービスを受けていない状態なので、それがいいものか悪いものかの判断が付きません。飲食店がわかりやすい例です。美味しいといわれても伝わりません。しかし、一度食べれば、わかります。

この段階は、「美味しそう」と思ってもらえばいいのです。あとは、実際食べたときに、想像通りもしくはそれ以上に美味しければ、リピートされますが、当然、美味しくなければ、リピー

【図表６　広告文】

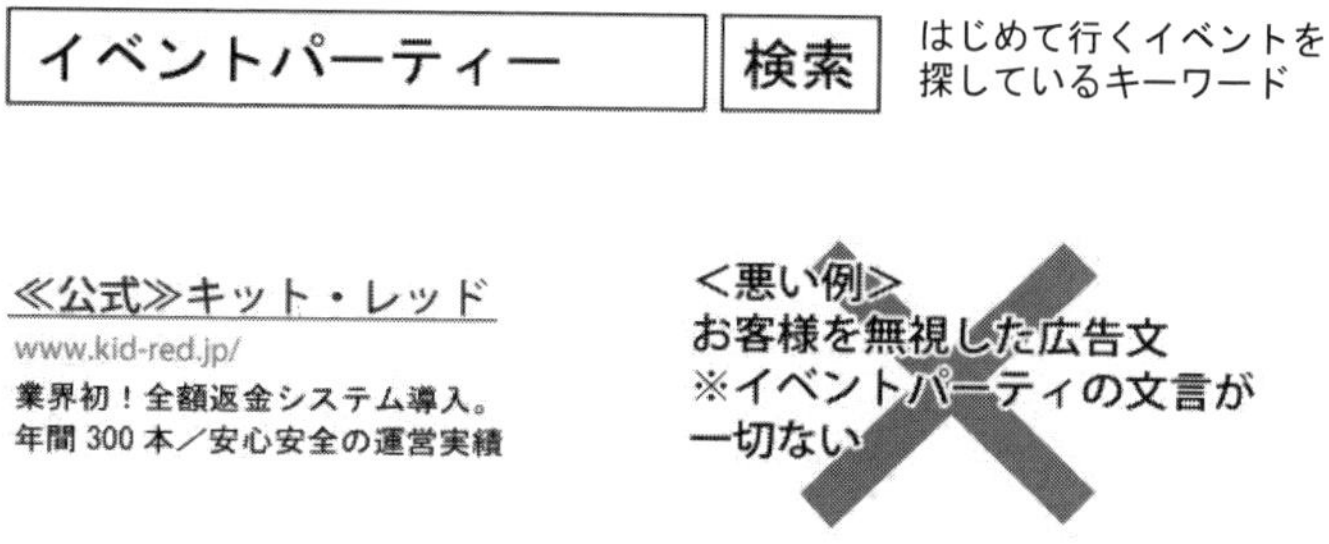
イベントパーティー
検索
はじめて行くイベントを
探しているキーワード
≪公式≫キット・レッド
www.kid-red.jp/
業界初！全額返金システム導入。
年間 300 本／安心安全の運営実績
<悪い例>
お客様を無視した広告文
※イベントパーティの文言が
一切ない

トされず、そのチャンスは二度と訪れません。

お客様の段階を無視している限り反応は取れない

では、広告でのその違いを見ていきます。たとえば、「イベントパーティー」と検索した見込み客は、このキーワードから考えると、はじめて行くイベントを探していると想像できます。

【お客様を無視した悪い広告例】

〈公式〉キット・レッド

業界初！全額返金システム導入。年間３００本／安心安全の運用実績…と書かれた広告が表示されていたら、クリックしますか。

はっきりいって、この広告内容では、イベント関連かもしれませんが、何を扱っている会社かよくわかりません。イベント会社なのか、それとも貸衣装会社なのか。そして、安心安全の運用実績といっても、ただ自分でいっているにすぎません。

既存客が「キット・レッド」と検索されたときに、この広告が表示される分にはいいのですが、このキーワードの場から検索した人の気持ちを完全に無視しています。このように自己中心の広告にしてしまうと、反応がとれなくなります。

5　お客様が抱える不安を払拭する広告文とは

お客様の段階を無視している限り反応は取れない

新規にしか感じない不安を解消する言葉を広告文に含めることで、安心した状態でホームページに訪れてもらうことができます。

【お客様の不安を意識した良い例】

東京イベントパーティー　7割が女性。27％は1人での参加。出逢いがなければ、全額返金。

この広告は、はじめて行くイベント会社に感じる不安を一気に解消しています。

また、7割が女性。27％は1人での参加。と書かれていたら、男性はもちろん、女性だって気軽に行くことができます。ダメ押しのように、出逢いがなければ、全額返金。ここまで書かれていたら、行かない理由を探す方が大変です。

たったこれだけの短い文章の中に不安を解消する要素がすべて凝縮されているのです。

タイトルにキーワードを入れることでクリック率が上がる

網様体賦活系ＲＡＳ（reticular activating system）をご存知ですか。要は「中脳網様体」のことですが、簡単に説明すると、意識したものが目に付きやすくなることを示します。

例えば、子どもが生まれたら、近所に子どもの姿やおもちゃが目に付くようになり、ワゴン車

【図表７　お客様の不安を払拭する広告文】

イベントパーティー	検索	はじめて行くイベントを探しているキーワード

↓検索ワードを入れると太文字になる

東京イベントパーティー

www.kid-red.jp/

７割が女性。27％は１人での参加。
出逢いがなければ、全額返金。

＜良い例＞
はじめてイベントに来る人が安心する広告文
ターゲットの段階にあわせた広告文を考える
※はじめて行く人が何を不安に感じ、何を言われる安心と感じるかを意識した文

が欲しくなったら、頻繁にワゴン車を見かけるようになります。

この脳の仕組みを、広告に活用することで、反応率は上がります。

その方法とは、検索されたキーワードをタイトルや本文に入れます。

見込み客は、自分で入れたキーワードとなるのでＲＡＳの作用が働き、その後もこのキーワードを意識するようになります。

検索エンジンが協力する理由

また、キーワードを広告に入れておくと、広告媒体が自動的にタイトルや本文に入っているキーワードを太文字にし、更に目立つようにしてくれます。これは、キーワードにマッチした広告は、検索エンジン側も歓迎で、よりクリックしてもらえるようなお手伝いをしてくれます。

このＲＡＳを活用した広告文を作成するだけでも、十分に反応は取れますが、この検索エンジンのバックアップがあることで、更に高いクリック率を獲得することができます。

当然、キーワードにマッチした広告は、高い評価を受け、キーワード単価も必然的に安く済みます。

6　多くの企業が広告を出しても失敗する理由

1つの広告文にキーワードを闇雲に入れるのは厳禁

多くの企業は、1つの広告文に対し、多くのキーワードを入れています。当然、キーワードと広告文はミスマッチを起こすので、クリック率が悪くなるだけでなく、クリックされても、ミスマッチからスタートしているクリックなので、成約も低くなります。

更に、PPC広告には、広告品質というものがあり、ミスマッチがある広告は、品質が下がります。広告品質が低いことでの悪影響は、クリック単価が他社に比べ、割高になることです。

いい広告品質の場合、安いクリック単価で上位表示することが可能となり、費用対効果も含め好循環に入ります。

広告文にマッチするキーワードだけを登録し広告品質を上げる

最高な広告運用を行う場合は、1つの広告文に対し1つのキーワードだけを登録します。このような設定を行うことで、広告とキーワードのミスマッチを避けることができ、結果、高い広告品質で運用することができます。

キーワードを登録する際は、複合キーワードであれば同じ広告グループに登録しても、大きな影響は与えないので、1個~5個を目安に登録するようにします。

【図表８　悪い広告設定の状態】

	広告文	キーワード
グループ１	≪公式≫キット・レッド www.kid-red.jp/ 業界初！全額返金システム導入。 年間 300 本／安心安全の運営実績	イベントパーティー イベントパーティー東京 キット・レッド 異業種交流会 出逢いパーティー キット・レッド お見合いパーティー

※ひとつのグループで、広告文にミスマッチしたキーワードを大量に設定している。

（注意）広告品質が低下し、上位表示させるには、高いクリック単価が必要となる。
（例）A社：広告品質 10/10　30円１位　　　B社：広告品質 2/10　50円２位

【図表９　正しい広告設定方法】

	広告文	キーワード（１～５個くらい）
グループ１	≪公式≫キット・レッド www.kid-red.jp/ 業界初！全額返金システム導入。 年間 300 本／安心安全の運営実績	キット・レッド キット・レッドイベント キット・レッドパーティー

	広告文	キーワード（１～５個くらい）
グループ２	東京イベントパーティー www.kid-red.jp/ ７割が女性。27％は１人での参加。 出逢いがなければ、全額返金。	イベントパーティー イベントパーティー東京 イベントパーティー出会い イベントパーティー女性限定

※広告文内キーワードは２～３語（複合キーワード）
※検索されていないキーワードを追加しても、表示されず品質が低下する。

また、広告内のキーワードについては2～3語（複合キーワード）で構成します。それ以上の複合キーワードにすると、検索需要がなくなるので、その辺りのバランスを見ながら、広告文を考えていくことをお勧めします。

キーワードに最適な広告文を設定することで広告品質を最大化することができます。

7　特に大企業が陥るブランディング広告の失敗事例

企業ブランディングが仇となり無駄なクリックを生んでいる

これは、ブランディングを意識している大手企業が陥る罠です。大手企業の大半は、先ほどのPPC広告の失敗例でご紹介したように、設定したキーワードすべてに、同じ広告を表示させています。それだけであれば、広告運用のやり方を知らない会社に騙されたということで話は終わりですが、大手企業だからこそ起こる、悪夢があるのです。

大企業の場合はCMを行っているので認知度が高い分、逆に無駄なクリックを生みだす結果となり、広告費を垂れ流します。

大企業は、存在しないサービスにまで広告費をむしり取られている

具体的な例でいうと、「駐車場経営」で検索した場合、ある有名企業が広告を出しています。

〈大〇ハウスの土地活用〉

コンサルティングから始める土地活用。土地のベストな活用法をご提案。という広告が、キーワードに関係なく毎回、表示されます。ここからが、悲惨です。これが小さい無名の会社であれば、キーワードと広告がマッチしていないので、クリックされることも少ないのですが、大手企業ということで、とりあえずクリックはしてしまうのが、人間です。

そこに表示されたホームページを見てびっくり、ＴＯＰページが表示されるだけで、その先の駐車場経営のページが存在しないのです。当然このような広告はクリックだけされても、ホームページが見つからず離脱されます。大切な広告費をドブに捨てているのです。当然、「駐車場経営の広告を見ましたが、御社は駐車場経営やっていますか」などという問い合わせる人はいなく、逆に手間取らしたと悪い印象を残すだけとなります。

大企業ですら監視をする人間がいないと悪徳業者に嵌められる

おそらく大企業なので、どこか広告代理店が入っているはずです。しかし、広告運用を知らない会社に任せてしまうと、意味のない広告費まで支払わされます。広告代理店は、基本広告運用費の20％を成約に関係なく、報酬とするので、その会社の成約など興味がありません。

それより、自分たちの毎月の報酬を確保するため、成約に繋がらないキーワードと知りながら設定し、広告予算を使い切ることだけを目的とする悪徳業者も存在します。

このように、大企業ですら監視をする人間がいないと、適当な運用をされ、無駄な広告費まで支払う羽目になります。きちんとした運用会社であれば、このようなクライアントのお金をドブに捨てる広告運用はせず、ブランディングを意識しながら成果に繋げる施策を行います。ＳＥＯ対策も同様ですが、大手企業は広告代理店を挟んでいるせいか、かなり悪徳業者のカモになっています。インターネットの場合、どんな対策を行っているのか誰もが把握できるので、騙されている企業には、悪徳業者が群がっています。

8　いきなり正解には出会えない精度を高めるＡＢテスト

常にテストを行い、精度を高める広告運用

はじめから、最高の広告運用を行うことはできません。常にテストを行い、精度を高めて行く必要があります。それを実現するのが、２つの広告文を均等表示させるＡＢテストです。

データーがある程度必要なので、キーワードによりますが、２週間～１か月の推移を見て、悪い方を削除し新しい広告文で再テストします。広告文を残す基準は、「クリック率」で判断します。

【参考例】
初月：Ａ広告のクリック率３％、Ｂ広告のクリック率２％の場合、Ｂ広告は削除
翌月：Ａ広告を新しく作成した。Ｃ広告で再テストを行う

タイトルと本文は同時にテストすると効果が見えなくなる

費用対効果の高い広告運用を行うために、ＡＢテストを繰り返していく必要がありますが、そのＡＢテストにもやり方があります。闇雲にＡＢ２つの広告文を用意し、テストすればいいということではありません。常に、１つずつ項目を変えて行っていきます。

まずは、本文は同じもので、タイトルを２つ用意しＡＢテスト。次に、採用されたタイトルをＡＢ同じにし、本文のＡＢテストを行います。更に、別のキーワードでテストして効果のあった

【図表 10　成約率を上げるためのＡＢテスト手順】

１．タイトルのみＡＢテスト

売上に圧巻！駐車場経営 www.p-masters.com/ 土地オーナー様も売上にびっくり！ データが示す驚きの「駐車場経営」	駐車場経営を始めるなら www.p-masters.com/ 土地オーナー様も売上にびっくり！ データが示す驚きの「駐車場経営」

２．同じタイトルで、文章のみＡＢテスト

売上に圧巻！駐車場経営 www.p-masters.com/ 土地オーナー様も売上にびっくり！ データが示す驚きの「駐車場経営」	売上に圧巻！駐車場経営 www.p-masters.com/ 月極め経営との売上比較で 360% アップを実現するコインパーキング

（注意）タイトルと内容のテストは同時に行わない。
（参考）他のキーワードでは違う広告内容で運用し、いいものを流用する。

本文を採用し、更にテストします。

このように各項目でＡＢテストを繰り返しながら、反応率を高めていきます。地味な作業にはなりますが、長期的に考えると大きなインパクトを与えます。

売れるキーワードの探し方

ＳＥＯ対策を今後行いたいと考えたとき、売れるキーワードをはじめに見つけてく必要があります。このキーワードを知らずにＳＥＯ対策を行うと、大きな損をします。ＳＥＯ対策には労力がかかり、仮にその労力を外注すれば、ＳＥＯ対策費としてかかります。

その時間とお金を無駄にしないためにも必ず売れるキーワードを探すことをお勧めします。

その見つけ方とは、ＰＰＣ広告を出稿することで、すぐ売れるキーワードかどうか結果が出ます。

ただ、ＰＰＣ広告とＳＥＯでは、ターゲットが異なるので１００％正しいわけではありませんが、キーワード選定を行う基準値としては、役に立ちます。

9　見ない・読まない・信じないを解消するキーワード選定

キーワードの選定次第で障害を事前に回避する

企業でインターネットを使って集客を行う場合、まずは、見られなければ何も始まりません。そこで、重要なのがキーワード設定です。

これを解消する簡単なテクニックは、検索ワードをそのまま広告タイトルに入れることです。これだけで、自分の探しているページだとわかるので見込み客の「見ない」を解消します。

次に、「読まない」という部分は、製品キーワードを選択することで、読まないの壁は越えます。しかし、「信じない」の部分は、少し視点を変えなければ、解消することはできません。

「信じない」を解消しなければ、すべてが無駄になる

失敗してしまうのが、売り込み感あるキーワードを選んでしまうことです。このようなキーワードは、お客様も購入前提でくるので、話は早いのですが、逆にいうと、お客様の見る目が厳しくなり、他社比較だけでなく、仕様やサービスにまで目を光らせています。

これは、「読まない」という部分はクリアーするのですが、このキーワードの場合、「信じない」という部分で引っかかってしまいます。

最後に、信じてもらえなければ、これまで越えてきた壁が無駄になってしまいます。しかし、

普通にキーワードを選定すると、この最後の信じないという部分で離脱してしまいます。それを回避するキーワードが、切り口を変えた悩みの視点でのアプローチです。

検索に対して違う回答をするから信じてもらえないだけ

悩みキーワードを商品の前に置くことで、「見ない・読まない・信じない」をすべて悩みキーワードに吸収させます。どういうことか見ていきましょう。

見込み客は、抱える悩みごとがあり、その悩みについて調べています。当然、自分が興味あり調べていることなので、検索したキーワードを含んだタイトルを表示しておけば、「見ない」壁は、簡単に越えます。

次に、調べている内容が、このサイトにあるということがキャッチコピーですぐにわかれば、「読まない」壁も越えます。

ただ、それだけではいけないのが、コンテンツの内容です。多くのサイトは、検索してきている質問に対して、まったく異なる回答をしているため、読まれないのです

お客様は、ただ疑問に思ったことを検索し、回答を求めているのです。その探している回答が得られなければ、あなたのことを信じることはありません。

最後に、「信じない」壁は、質問されている適切な回答を返答してあげることを最優先に考え、まずは読んでもらうことを意識し、信用を得ましょう。その後に、リスク・リバーサルと驚くような断れないオファーを提案し、信じない壁を乗り越えてもらいましょう。

10 「検索→広告文→ホームページ」までを違和感なく誘導する心理テクニック

違和感なく誘導する流れをつくる

ＲＡＳを利用することで簡単に「検索→広告→ホームページ」までを、違和感なく誘導する流れを作ることができます。

【図表11 ホームページへ誘導するテクニック】

駐車場経営
検索
<良い例>
売上に圧巻！駐車場経営
www.p-masters.com/
土地オーナー様も売上にびっくり！
データが示す驚きの「駐車場経営」
LPOページが表示
(1キーワード1ページ)
データが示す驚きの「駐車場経営」
このような方に「駐車場経営」はお勧めです。

まずは、キーワードが含まれた広告文を表示させ、自分が探しているページがありそうだと感じてもらい、クリックしてもらいます。その歳、オファーやリスク・リバーサル広告文に入れておくとクリック率が上がります。

そこで出迎えるのは、1キーワード1ページで構成された質問に対する回答を行うページが出迎えます。すべては見込み客が入力したキーワードを基軸にするからこそ違和感

【図表 12　広告品質の判定】

広告文	キーワード	ホームページ
東京イベントパーティー www.kid-red.jp/ 7 割が女性。27%は 1 人での参加。 出逢いがなければ、全額返金。	イベントパーティー イベントパーティー東京 イベントパーティー出会い イベントパーティー女性限定	

広告品質は、10 段階で評価され、広告文・キーワード・ホームページの関連性が基本的な評価基準となっている。
広告品質 10/10 にすることで、安いクリック単価で上位表示が可能。
そのためにも、**広告から降り立つページは、1 ページ 1 キーワードでの専用ページ（ランディングページ）を設ける必要がある。**

のない流れがつくれるのです。

広告品質は、ホームページまでが判断材料となっている

ＰＰＣ広告の広告品質は、広告文だけでなく、キーワードとホームページの関連性までが評価基準となっています。

それ以外にも、クリック率なども、評価対象に含まれます。

当然、媒体側も、お客様にいいコンテンツを紹介したいと考え、評価基準を決めています。

キーワードに対し最適な広告文が表示され、クリックの先にあるホームページでもキーワード広告にマッチした内容のコンテンツであれば、そのクライアントには長く広告を使ってもらいたいと考えるのが、普通です。

媒体側もそのような最適な相応しい広告を出稿するクライアントには、安い単価を提示します。

その根源にある思いは、多くのお客様にいいコンテンツを届けたいと考えているのです。

この章のまとめ

① 成約に繋がるキーワードを探すには、検索需要と競合の状態を見ながらお客様ニーズを探る。
② 戦略ある会社は、見込み客が検索窓に入力した瞬間にロックオンし、成約は高まる。
③ 深い悩みに対するキーワードを見つけ、解消する提案ができれば価格など関係なく成約する。
④ 広告表現も、お客様の段階にあわせた広告でなければ響かない。
⑤ 人間の脳構造を利用し、検索されたキーワードをタイトルや本文に入れることで成約を高める。
⑥ キーワードごとに最適な広告文を個別に設定することで広告品質が最大化される。
⑦ どんな対策を行っているのか誰もが把握できるので、騙されている企業には悪徳業者が群がる。
⑧ 各項目ごとにＡＢテストを行い、精度を高めることで反応率を向上させる。
⑨ お客様は疑問に思ったことを検索し、その探している回答が得られなければ離脱する。
⑩ 媒体側も最適で相応しい広告を出稿するクライアントを望んでいる。

第7章

「営業トーク不要」営業を90％終わらせるホームページ

1　ホームページでいきなり売るな、お客様が逃げるだけ

質問されていることに正しく回答することが、お客様との溝を埋める

これまで、何度もいってきましたが、お客様は、調べ物をするために検索エンジンを利用しています。一方、あなたはインターネットを使って、成約に繋げたいと考えています。

しかし、調べ物と成約は、イコールの関係ではないので、このお客様とのミスマッチを解消しなければ、いつまで経っても思うような結果を得ることはできません。

まずは、そのお客様との間にある溝を埋める作業が必要になります。その溝を埋める作業とは、「お客様の質問に正しく回答する」ことです。

質問が購入希望であれば、最適な回答は商品販売である

その質問が、商品の購入を希望しているものであれば、最適な回答は商品を販売することです。仮に、「会議用テーブル　通販」と質問してきている人に対して、会議用テーブルの歴史などを説明するのは、見当違いになります。

このお客様は、会議用のテーブルを通信販売で購入を検討していると想定できますので、この方が必要としている情報は、写真と価格、仕様、配送方法、支払方法などがきちんと明記されていることです。導入を検討している人には、すぐに商品を提示し販売してあげましょう。

それを理解したうえで、あなたはどんな情報を提供すればお客様は不安を解消し、スムーズに取引できるかを考えます。支払ってからどのくらいで届くのか、そして、どのような状態（梱包）で届くのか、不良品だった場合、どのような手続で交換を行うのかなど、通販だからこその不安を解消してあげる必要があります。

その他、プレゼントに向く商品であれば、プレゼント用として写真を掲載してもいいかもしれません。また、配送元を明かしたくないのであれば、会社の名前は出さず、デザイン会社の名義で、直接お客様に配送するサービスがあることを明記しておくのも効果的です。

情報提供の先に商品を提案する視点が必要

ただ、検索している人の多くは、このように購入を前提に探している人ばかりではありません。情報を探していただけなのに、気づいたら購入していたという経験があると思いますが、これは、偶然ではなく販売者側の戦略のもと、必然的に起きています。

インターネットで成約をとるには、情報提供の先に商品を提案する視点が必要となります。

なぜ、そのようにワンクッションおく必要があるのかというと、先ほどもいいましたが、お客様は、前提として情報を探すためにインターネットを利用しています。

そこに、あなたの熱い思いだけを、直接ぶつけても無視されて終わりです。その思いは、いったん鞘に納め、相手の話を聞き、必要であれば、その研ぎ澄まされた刀を出せばいいのです。始めから刀を出して待ち構えていたら見込み客はびっくりして、逃げられてしまいます。

2 「探していた情報はこれ」と瞬時に伝えるキャッチコピー

キャッチコピーに検索キーワードは必須

キャッチコピーには、広告同様に、「検索キーワード」が必須になります。RASが影響し、自分が入力したキーワードが入っているだけで、「探している情報があるかも」と感じます。

しかし、ただ、キーワードを入れておけば、いいということではありません。キーワードは、必須ではありますが、言葉以外に大きく影響しているのが、イメージです。

灼熱の海辺の写真を見て、「夏だ、熱い」と感じるように、キャッチコピーの情景を想像させる背景のイメージも重要になります。

この2つが、揃って始めて、実際のキャッチコピーの良し悪しが、判断されます。言葉は、イメージに比べ読まなくてはいけない分、認識が遅くなるので、いくらいいキャッチコピーを書いたとしても、その背景を情景化させるイメージが、ミスマッチを起こしていたら、キャッチコピーの効力は半減します。

コンテンツのクオリティを左右するイメージ

企業のサイトで多いのが、関連性のない写真を採用したり、写真自体の解像度が悪く荒い写真をそのまま掲載しているケースです。その場合、「この会社は、大丈夫?」と疑われてしまいます。

最近では、パソコンの画面が大きくなったことで、ホームページの横幅が狭い昔の仕様のままだけでも、古臭いイメージを与えてしまい、最新情報を掲載していたとしても、過去の情報のように感じさせてしまいます。

人間は、８割外見で判断するといわれていますが、このホームページも同じく瞬時で判断されますので、最低限のデザインで出迎えなければ成約にも影響します。

キャッチコピーに正解はないＡＢテストで正解を探す

そのことを前提条件として、簡単にキャッチコピーをつくる方法をいくつかご紹介します。

・悩みを解消した未来を想像させる（例）卒業式での告白の前に。泣いても落ちないマスカラ。
・悩みを「ズバット」表現（例）おい、「ハゲ」
・疑問形で問いかける（例）足の臭い気になりませんか？
・具体的な数字を入れる（例）３６０％売上アップ！「駐車場経営」

しかし、素人がすぐに反応の取れるキャッチコピーなど書けるはずありません。そこで、お勧めなのが、検索キーワードを穴埋めするだけで、キャッチコピーがつくれるお手軽な本などもありますので、そのような、テンプレート本などを使って素案を考えるのもお勧めです。

まずは、テンプレートを使って、最低１００個のキャッチコピー案を作成します。その後、パーツごとに解体し、組み合わせることで、あなただけのキャッチコピーが完成します。

完成したら、あとはＡＢテストを行いお客様の反応を見ながら精度を高めていきます。

3　興味ある情報を見ていただけなのに、営業されていた？

リサーチなくして、売れるホームページなどできない

ホームページを作成する上で、もっとも重要なのが、リサーチです。このリサーチなくして、売れるホームページなどできるはずありません。

そのぐらい比重が高く、成否を分ける基礎情報となりますので、最低でも次の５つは押さえておきましょう。

1、切り口
2、ペルソナターゲティング
3、ＵＳＰ（市場が求めていて、他社がまだ手がけていない、独自の強み）
4、商品の特徴
5、商品が解決できる悩み
・なぜ自社商品が良いのか
・なぜ他社商品よりも良いのか
・なぜ自社なら解決できるのか
・その悩みを放置すると、どんなマイナスが発生するのか
※ヤフー知恵袋やブログ、体験談などを参考にします。

売れるホームページの基本構成

売れるホームページには、共通する流れというものがあります。

その流れを意識するだけで、見込み客に気づかれることなくセールスを行い成約に繋げることが可能となります。

企業の場合、最低この項目だけで、十分な反応を得ることができますので、この要素を反応のとれるテンプレートとして抑えていきましょう。

1、キャッチコピー
2、問いかけ。不満・不安のあぶり出し（共感）
3、検索キーワードに対する質問の回答→解決策の提示
4、解決できる具体的な証拠の提示（研究結果やビフォアーアフターなど）
5、オファーの提示（有料の価値のものを特価もしくは無料で提供）
6、オファーすることでのリスクを引き受ける（リスクリバーサル）
7、限定性・緊急性（このチャンスを逃すと手に入らない）
8、連絡先・注文方法の明記（いますぐ申込み）

サイトの流れが自然に構成されているか常に意識しパーツごとに分けて、順序の入替えを何度も行いながら成果を上げていきましょう。

しかし、この流れに違和感があると、ストーリーは途切れ、離脱に繋がりますので、流れを意識することが大切です。

4　もう、他では探せないあなたを虜にするＵＳＰとは？

お客様の手を止めさせ選んでもらうための質問

　これまでビジネスでは、移動にかかる交通費や時間を考えると、気軽に価格を比較することができませんでしたが、インターネットの世界では、隣のお店にワンクリックで瞬時に行くことができるので、価格だけで勝負してしまうと、薄い粗利の中、お客様対応に追われることになります。

　インターネットを使ってビジネスを行う場合、常に移動しているお客様の手を止めさせ、あなたの会社を選んでもらう理由が必要となります。

・なぜ、あなたに勧めるのか（理由が納得すれば、興味を持つ）
・なぜ、あなたから買わなくてはいけないのか（あなたが抱える悩みを私は熟知している）
・なぜ、この商品なのか（納得できる理由を１００％提示する）
・なぜ、いま買わなくてはいけないのか（緊急性を感じなければ、欲求は薄れる）
・なぜこの価格なのか（この価格は適切なのか）

　この回答をしなければ、あなたの会社で購入してもらえません。

お客様は、あなたの存在を無視することはできない

　そこであなたの存在を示し、選ばれるために欠かせない要素があります。

その要素とは、ＵＳＰですが、市場が求めていて、まだ他社が取り組んでいない、独自の強みです。これを示すことで、お客様は、あなたの存在を無視することができなくなります。

あなたが、扱う商品は素晴らしい、一度使えばお客様の反応もいい、しかし、売れない。なぜか、それは、あなたの競合も同じように商品品質をあげるための努力をしているからです。

どんなに商品開発にお金と時間を投資したとしても、お客様に伝わらなければ、その努力は無駄になります。いい商品と、あなたが選ばれる理由は、根本的に違います。

どこもいい商品なのは当たり前、違いを見出す視点

基本的に、お客様はあなたがどんなにいい商品をつくったとしても、何がどのように違うのかわかりません。明確な違いを感じられないから、一番安い商品を選んでいるにすぎません。そんなどこも大差ない状態の中、違いを明確にしている会社があったらどうでしょうか。

ＵＳＰの代表的な例としてよく紹介されるのが、ドミノピザの事例になります。

「ホットでフレッシュなピザを30分以内にお届けします。もしそれ以上かかったらお代はいただきません。」といった約束を打ち出し、大成功しました。このときの、ピザ業界は、宅配しても、いつ届くか、そして届いたとしても冷たくなっているのが、常識の業界だったので、このお客様への「約束」は、圧倒的な差別化となりました。

ポイントは、商品のことはいっていないことと、業界の悪習慣を世直ししている点です。あなたが製品のことをいっている限り、競争からは抜け出せません。

5　質問に対する回答を見に来ただけの来訪者を見込み客に変えるには

見込み客は、ただ回答を探してたのではない

見込み客が抱える、現状の悩みに対する不満・不安をすべて書き出すことで、ただ質問に回答するのではなく、気持ちをケアしながら回答することができるので、共感に繋がります。

1、悩みを意識したきっかけ（誰かの一言など）
2、何に一番悩んでいるのか
3、誰の目が気になっているのか
4、どのようなことを言われると、「ドッキ」とするのか（重要）
5、その悩みを放置すると、どうなるのか（二次被害は？）
6、現状、その悩み解決策を言葉にすると（例）ダイエットしなきゃ
7、仮として出した解決策の真相とは（例）彼氏が欲しい
※ポイントは、共感を目的とするので、相手の口頭口調で書くことが大切です。
（例）夏までに痩せないと、今年もまた1人ぼっちかも…

ベネフィットを提示することでお客様の望む結果が提供できる

見込み客をケアしながら回答し共感を得ることができたら、解決策の提示でその悩みを解消し

てあげましょう。

その際に、どういう未来が待っているのかというエモーショナル（情緒的）・ベネフィットを同時に伝えることが高い成約率に繋がります。

ベネフィットとは、簡単に説明すると、相手のメリット、利益のことです。

その見つけ方は、『だから』を使用することで簡単に探すことができます。

【参考例】
ホワイトニングの商品の場合、
歯が白くなる「だから」笑顔が好印象を与える
歯が白くなる「だから」第1印象がよくなり、面接での印象が変わる

ターゲット：面接を受ける人
特長：歯が白くなる
ベネフィット：笑顔が好印象を与える、第1印象がよくなり、面接での印象が変わる

このベネフィットをいうことで、商品を通して、お客様の望む結果を提供していることを伝えることができます。

6　最強の「営業マンページ」──売れているサイトに隠された4つの共通点

人間は、4つの要素に支配されている

営業にも成約する流れというものがあるように、ホームページでセールスを行う場合も同様に闇雲に話をしても、成約はしません。

しかし、多くの会社は、会話ではできていることであっても、ホームページに変わった瞬間、会話の流れを無視するため、読み手に違和感を与え、離脱させてしまいます。

ホームページを活用し、高い成約に繋げるには、その基本的な流れを構成する4つの心理要因が欠かせなくなります。その要因とは、「なぜ」「何」「どうやって」「いますぐ」の4つになります。

この4つの要因は、ホームページだけに限ったことではありません。すべての人が、この要素のどれかを自分の中に持っています。1つかもしれないし、2つ含まれている人もいます。人は、何か物事を行う際、必ず理由を求めます。その理由が、この要素によって異なるだけにすぎません。詳しく見ていきますので、あなたはどの要素かを、自分に当てはめながら考えてください。

あなたはどの要素を持っていますか

「なぜ」人間……「なぜ、やらなくてはいけなのか」を聞かなと動けないない人

「何」人間……根拠や証拠を示さないと、動けない人
「どうやって」人間……ステップバイステップでやり方を教えてくれないと動けない人
「いますぐ」人間……細かいことなど気にしないから、すぐに取り組ませてほしいという人

あなたはどの要素に該当しましたか。複数あったかもしれません。ただ、どの要素が強いかだけで、人間はこの要素をすべて持っています。だからこそ、この要素をすべてホームページに入れておくことで、どれかがフックとなり反応に繋がります。

この４つの心理要素にＴＯＰ営業マンの話を付加する

この心理を構成する４つの要素と以前述べたホームページで反応を取るためのテンプレートにＴＯＰ営業マンの話を付加すれば、成約率の高い営業マンページを構築することができます。また、日々営業を行っていると、お客様の考えが常に一緒ではないということに気づくはずです。興味も変われば、環境によって解釈も違ってきます。また、会社の方針が変われば、内容自体変わります。

その日々変わる変化を常にホームページに反映することで、お客様に合う最適な情報で見込み客の開拓が行えます。

あなたの会社のホームページが現時点で反応が取れていないとしたら、４つの心理要素、売れるテンプレート、ＴＯＰ営業マンの会話内容のどれかが抜けているはずです。

もう一度、何が不足しているかを再確認しましょう。

7　事前に「ＮＯ」を打ち消す、なぜなぜ分析の活用法

なぜ分析の活用で不安要因を探す

営業を行っていると、共通する質問というものが出てきますが、その質問の中で、断り文句を分析すると、実はそれほど多くないことに気づくはずです。

その断りを事前に解消してくれるのが、「なぜなぜ分析」の活用法になります。ひとつの問題に対して、なぜを繰り返し、根本原因を探し出していく手法です。最低、５回なぜを繰り返すことで、問題の根源にたどり着くことができます。

不安の根源を探し、解消する提案を行う

【参考例】自動発券機の導入を検討している場合

「やっぱり必要ないのでは？」との疑問を解消するためのなぜなぜ分析を見ていきます。

・なぜ、必要ないと感じるのか↓お金をかけるだけの効果があるのか不安
・なぜ、費用対効果を不安と感じるのか↓発券機を導入することで客離れを起こさないか
・なぜ、客離れを心配するか↓年配のお客様が多いので、新しい機器の導入に抵抗を感じないか
・なぜ、機器導入に抵抗を感じると思うか↓以前、会員証を磁気にしたら分からないといわれた
・なぜ、分からないといわれたのか↓十分な事前告知と移行の際の案内を怠ってしまった

ここで、不安の根源にたどり着きました。

このように、根源さえ見つかれば、対策を考えることはできます。事前告知だけでなく、テスト導入し反応を見て抱えている不安を解消してからの契約でもいいという提案もできます。

不安の根源がわかれば、提案内容にも影響する

この場合、1か月以内の使用であれば、返品を受け付けますとのリスク・リバーサルや「1週間無料体験実施中！」などのオファーの提示で、抱えている不安の解消に繋がるかもしれません。

また、前回の失敗例をヒヤリングしたのであれば、テスト導入の際にも十分な告知を行い、またお客様が混乱しないように、導入時には、ご案内サポートを行うなどの配慮も必要になってくるかもしれません。

これは、扱う商品の価格によってどこまで、実現可能であるかは、業種業態によって異なりますが、導入をご検討されている方の不安を解消する策は必ずあります。

それが、抱えている不安内容によっては、オファーという形でなくとも問題ありません。スタッフが新しい機器の使い方に不安があるというのであれば、「導入時に、説明会を開催しますので、ご安心ください。」という一文でもいいかもしれません。

逆にこの不安を抱えたままだと、クレームや解約に繋がるので、想定できる問題はできる限り、事前に解消しておく必要があります。

8　「NO」というより、「YES」といったほうが楽と感じさせる手法

リスク・リバーサルで障壁を下げる

　お申込みの前にここまでいわれたら、「NO」というのを躊躇してしまうことを提示し、心の障害となる壁を低くします。

・満足保証。満足しなければ、全額返金します。
・すべてパーツをお持ちし、動作が再開するまで、お付き合いします。
・実機を2週間ご使用下さい。使いにくければ理由を問わず引き取ります。
・壊れても一生、部品交換を無償で行います。
・成果を出していただくまで、一切のお代はいただきません。

　このようなリスク・リバーサルということで、提案したオファーが受け入れやすくなります。

強烈な提案で爆発的な成約に繋げる

　リスク・リバーサルで成約までの障害が下がった状態になっています。

　しかし、その障害は「ゼロ」になったということではありません。まだ、問い合わせるには、ためらいがあるのです。その迷っている背中を押すのが、期限と特典になります。

　大きな反応を得るには、このようないくつかの要素が欠けても、十分な効果には繋がりません。

圧倒的に効果を出している会社は、キーワードの選定から、お客様の心理の流れを意識した動線を確保しているだけでなく、最高のオファーを提案し、その後、お客様の不安に対し、リスク・リバーサルでケアすると共に、期間を定め申し込み限定の特典を用意しているからこそ、爆発的な効果に繋がっているのです。

必然的に聞く自然な流れができているプル型マーケティング

ここまでお客様の心のケアを行い、最高の提案を行っても、反応しない人は、お客様になる可能性は、限りなく低くなります。

インターネットマーケティングの場合、プル型になるので、お客様が疑問に思ったことに対して、質問を回答する形で、相談にのりその解決策として、提案に繋げるので、プッシュ型と違って、必然的に聞く自然な流れになっています。

風邪をひいたときに病院に行き（インターネットで検索）、診察を受け（ホームページで希望する回答をみつけ）、症状にあった薬を処方（提案）されているのと同じ状態にあります。風邪でもない健康な人に闇雲に処方するのではなく、病院に訪れた人にだけ診察し、患者様にあった薬を処方しているのに、薬をもらわず帰る人を追いかけても嫌がられるだけです。

プル型マーケティングの提案は、すべての項目で押し付けるのではなく、ＹＥＳ・ＮＯを提示し、ＹＥＳを選択させていく手法です。そのために、あらかじめＹＥＳが有利に働くような構成を考え、流れを構築する必要があります。

9 「問い合わせずにはいられない」最後の背中を押すオファーとは

あなたが行かずとも成約できる最高のものを郵送する

反応の取れるオファーとは、サイトの中身など一切なかったとして、目の前にそのオファーがあったら、手にしてしまうほど、強烈なものが必要なのですが、このとき、失敗する例は、元々無料のものをオファーしてしまうことです。無料相談とか、無料アドバイスや資料請求などです。あなたも経験があるはずです。資料請求のお問合せが入ったにもかかわらず、その後連絡が途切れてしまうということが…。それは、価値のない資料を送ったあなたに問題があるのです。

何でもはじめが肝心です。始めの訪問で遅れてくる人がその後の納期を守るとはとても思えません。始めの資料請求はそれと同じです。初めてその会社に接触するファーストアプローチで適当な資料を送ってくるところなど信用されません。また、郵送期間も重要です。お客様は自分を大切に扱ってくれる会社かどうかも評価対象にしています。

資料請求だけで契約してしまうほどの内容とクオリティが必要

いまはサイトで情報を公開している時代なので、サイトで公開していない情報でなければ、価値を感じません。同じ情報であればサイトを印刷すれば済みます。

会社概要とパンフレットだけ送られて来て、それで何を検討しろというのでしょうか。その送った資料は営業マンが説明することなく、成約できるぐらいの内容とクオリティが必要なのです。

お客様は、興味があって資料請求してきているので、詳しければ詳しほどいいのです。こんなに入れては見るほうも大変だと勝手に判断し、薄っぺらな情報を送る法が迷惑なだけです。興味ない人は簡潔な情報でも見ません。しかし、興味ある人は、詳しい情報を欲しがっているのです。

成約を希望するのなら、あなたが営業に行かずとも契約してしまうほどの最高のものを郵送しましょう。

オファーの中身は同じでも、表現を変えるだけで反応が大きく変わる

ペット霊園でのオファー例を見てみましょう。その会社が元々オファーとして考えていたものは、「想い出アルバム＋オリジナルグッツ」を無料でプレゼントいたします、というもの。おそらくこれを見て、欲しいなと思った人はいないはず。それは、プレゼントされるものはわかっても、内容が漠然としているため良さが伝わらないのです。

では、どのようにすれば、反応の取れるものに変えることができるのかというと、状景が想像できるぐらい詳細に書くのがポイントです。

「誕生から永眠までを綴った、想い出アルバム（２４００円）＋誕生日、亡くなった日が記録されたメモリアルカード（６００円）」を無料でプレゼントいたします。

文章で見ると多少長く見えますが、その部分は、デザインや写真を入れることで解消されますので、気にせず、「これ欲しいな」と思われる表現を心がけることが大きな反応に繋がります。

10　これがクロージング―新人でも質問に答えるだけで成約してしまう！

必要以上のコンテンツは逆に反応を下げる

ホームページで最強の営業マンが、ほぼセールスを終わらせているので、見込み客にアポイントを取る際は、90％営業が終わっている状態で訪問することができます。

逆にいうと、2ステップ販売を行う場合、すべてをホームページで営業する必要はありません。わかりやすい例でいえば、価格です。

2ステップの目的は、問合せをもらうことです。ホームページだけで完結する1ステップと違い、すべてコンテンツを入れれば、反応が上がるということではなく、掲載することがかえって反応を下げる要素となることもあります。

2ステップの場合、過剰に入れているコンテンツはないか、もしくは、肝心なことをいい忘れていないかなどもう一度流れを含め、見直しましょう。

新人営業マンでも高い成約率が出せる理由

この成約の高い営業マンページを持つと、90％まではあなたの会社のTOP営業マンがセールスすることになるので、営業マンによる情報伝達の差がほとんどなくなります。

当然、訪問してからの商談も話が早い。駐車場機器の事例でいえば、訪問すると、決済者が出迎えてくれ、営業マンページを印刷し、気になる箇所に質問をコメントし待っているといいます。

営業マンページを使えば、成約の差は、最後の10％だけになります。ですから、新人営業マンでも高い成約率が出せるのです。幹部の方は、同じように教育しても、部下の成績の差に頭を悩ませていると思いますが、人間に教えている以上、差が出るのは仕方ありません。ただ、その差をどれだけ小さくすることができるかは、幹部の方の能力になってきます。しかし、見込み客獲得からクロージングまで、同じ成績を出せるように教育するのは至難の業です。

それよりは、差の出る人間にすべてを任せるのではなく、分業化し、胃の痛くなる作業はホームページに任せ、重要なクロージングだけを営業マンにやってもらったらどうでしょうか。当然、営業マンもクロージングだけに特化すれば、精度は上がり個人の差も少なくなります。

数字で把握し、経営を安定させる

インターネットを使えば、すべてが数値化できますので、売上予測が立てやすくなります。これほど、経営者を安心させるものはありません。いくらの広告費をどこに使えば、何人見込み客が集まり、そのうち、成約率は○％なので、何人が成約するというのが、かなりの精度で把握できます。

お客様が、今月は多いなと思えば、広告費予算を下げ、見込み客の獲得数を抑えればいいし、逆に少し足りていないと思えば、見込み客の獲得数を増やすことで、成約数も上がります。この流れを、理解できれば、新規事業もスムーズに立ち上げることができ、よりビジネスが安定します。

この章のまとめ

①調べ物をしているお客様を成約に繋げるには、お客様とのミスマッチを解消する必要がある。
②キーワードの情景を想像させるイメージもキャッチコピーの成否を分ける要素となる。
③見込み客に気づかれることなくセールスを行い成約に繋げる流れがある。
④いい商品とあなたが選ばれる理由は根本的に違う。
⑤見込み客が抱える、現状の悩みに対する不満・不安をすべて書き出すことで共感に繋がる。
⑥ホームページでも成約する流れと要素があるので、不足していないかを確認する。
⑦1つの問題に対して、なぜを繰り返し、根本原因を解消する策を考える。
⑧プル型マーケティングの場合、YESが有利に働くような構成を考え、流れを作る必要がある。
⑨目の前にそのオファーがあったら、手にしてしまうほど、強烈な提案が必要となる。
⑩マーケティングはホームページ、セールスは営業マンに分業することで成約率が高まる。

もう1つの世界

絶望的な先の見えない低迷時期から抜け出せない

「きょうも、注文がない」

ホームページを開設してから３か月、いままで一度も注文が入ったことがない。これまで、グラフィティ（スプレーアート）アーティストとして活動し、看板制作や店舗内装などを行ってきたが、よりクオリティをあげるため海外に行くことを決意。しかし、家庭の事情で、１年半でやむなく帰国。その間、グラフィティブームは去り、仕事が激減。まさか、仕事がないからといって作品を描くために、壁に落書きすることなどできない。

そこで、思いついたのが、インターネット販売。キャップやTシャツにデザインし、インターネットで公開すれば、作品を見てもらえると考え、ネットショップを開設。

しかし、そこに待っていたのは、「まったく売れない」という悲しい現実。

あまりに売れない時期が続くと、アーティストとして作品に魅力がないのか、それともネットでの販売方法がいけないのかわからなくなる。そんな絶望的な先の見えない低迷期が数ヶ月続いた。

０から１が確定した瞬間

ただ、ここで諦める訳にはいかなかった。おそらく、海外にまで行ったことを無駄に思いたくなかったのかもしれない。やれることはひたすら行った。

当時は、インターネットでの売り方を教えてくれる人がいなかったので、ホームページで売れている人がいると噂で聞けば、話を聞くために会いに行き、ネット関連の本が出版されれば、すぐ買い実践した。昼は、サラリーマンとして働き、夜は、副業でインターネットビジネスに取り組んだ。

そんな思いが通じたのか、ある日を境に急に売れ出した、パズルピースが重なり合うように。気づくと、スタートしてから半年が経過していた。

初めての受注。はじめは、冷やかしかと思った。それだけ受注しないことに慣れ過ぎていたのかもしれない。嬉しさの反面、何度も疑ってしまったことを、今でも覚えている。

それから、次の注文はすぐ続いた。まぐれではなく、0から1が確定した瞬間となった。

つかの間の幸せ、突然、悲劇が襲う

その後、注文は安定的に入った。しかし、嬉しさもつかの間、突然の悲劇が訪れた。

一本の電話で目が覚める。強烈な頭痛、重たい大きな石を体に乗せられているようだ。ベッドから起き上がることができない。風邪とは違う、苦しい。水の中にいるようで音もはっきり聞こえない。

一人暮らしをしていたので、受話器をとれるのは自分だけ。会社からだ。事情を説明し、休みをとる。しかし、次の日になっても一向によくならない、またその次の日も。それから数日が経ち、少し動けるようになったので、病院に行き診察を受ける。その結果「うつ病」と診断。極度なストレスが原因と考えられた。当然、こんな状態では働きに行くことなどできない。他に家族もいないのでパートに行ってもらうことすらできない。正直、このときは「このまま死ぬのかな」とさえ思った。

病気の間も注文があったからこそ生き延びた

ただ、幸いなことに、インターネットからの注文だけは、手をかけずとも入るようになっていた。

一日1回メールを確認し配送する単純作業。健康なときであれば、この単純作業もなんてことはない。しかし、このときは、この作業ですら辛くて仕方ない。ただ、この作業があるおかげで収入は確保でき生き延びた。それからは、少しずつ回復した。そのきっかけをつくったのは、一匹の捨て猫。人間に苛められた経験を持ち、会いにいった時、震えていた。そのときこう思った。育てられるか正直、不安だけど、いままで辛い思いをしてきた分、一生守ってあげたいと。そして、家族になった。

再現性を意識した法則を活用し大きな結果に結びつける

それからは、体調も良くなったので、インターネットマーケティングをさらに追及した。再現性を意識し、法則化できないかを常に考えた。その後、企業の集客を行うチャンスに出会い必死に取り組んだ。結果、月に1件もなかった問合せを月80件にまで向上させ、業界でもまったく無名だった企業のサービスを上場企業だけでなく公共機関一斉導入に結びつけた。

また、ＷＥＢマーケティングを活用し、飛び込み営業から問合せ営業に変えることで売上を20倍以上にし、企業の経営手法まで変革した。

いまでは、企業向け集客コンサルタントとして活動を行と共に、後継者育成のためのセミナー開催や起業支援を行うための塾の運営を行っている。

あなたはすでに羅針盤を持っている

もうお気づきですね。これは、私自身の実体験です。いまから、10年前にカナダより帰国し、インターネットマーケティングを独学で学びました。いまのように確立されたものなどなく、断片的な情報をかき集め、成果に繋げてきました。ただ、なぜこのような人には隠しておきたい過去を公開したのかというと、本書で伝えている内容は、企業はもちろん個人としても使うことができます。

だから、あなたにも挑戦していただきたいのです。企業があてにならないいま、家族を守れるのは、あなたしかいません。いまのあなたは、昔の私と違って、すでに羅針盤（本書）を持っています。あとは、「決断」するだけです。いまの時代、資本などなくとも小予算でビジネスはスタートできます。ここまで読んでくれた、あなたにお礼としてそのきっかけとなる情報をお話します。

自分だけの世界をつくれば価格競争に陥ることはない

なぜ、インターネットはお金をかけずにスタートできるのかについてはじめにお話します。今は、インフラが整っているため、無料で使えるものが多く存在します。なぜ、無料で使えるかというと、その会社は、広告運用で成り立っています。そのため、無料で使う場合、ホームページに広告が表示されます。とはいっても、月に数百円程度支払えば、その広告も外すことができるので、ビジネスとして始めるのであれば、必要経費として考えるべきです。

もちろん商品を販売するだけであれば、オークションなどを利用してもいいのですが、本書でご説明した通りいずれ、価格競争に陥るので、独自のホームページを開設し、自分だけの世界をつくることをお勧めします。始めの段階でリサーチをきちんと行い集客の設計さえできてしまえば、私のように配送を行うだけの安定したビジネスが構築できます。

ビジネスでは過去のデータなど当てにならない

次に、扱う商品ですが、いきなり売れるかわからないものを大量に仕入れるのは危険です。ビジネスには魔物が住んでいます。いくら過去の統計データから差益を確認したところで、売れる商品は2割だけです。私の友人は、データ上では確実に差益が出る商品を１００個購入したにもかかわらず、実際に売れたのは30個だったといいます。それだけ、ビジネスというのは、データでは測れない部分が多く、実際やってみないと本当の答えなど出ません。

ただ、その友人は、30個の中から、当たりを見つけ1つの商品で月５００万円稼いでいます。ビジネスの面白いところは、その成功した2割が、売上の8割を占めるので、いままでの損失など一気に解消してしまいます。

ただ、多くの人はそこにたどり着く前にやめてしまうから、儲けることができません。データを見比べ考えている暇があったらまず実際にやってみる。これが、成功の秘訣です。

本当の損は、臆病になってやらないこと

では、お金をかけずに、その事実を確かめるための方法をご紹介します。

「ドライテスト」と呼ばれるものです。これは、小さくテストするということにも繋がりますが、簡単に説明すると「仕入れる前に売る」のです。さすがに、仕入れず売るのは気が引けるので、最低1、2個は仕入れ、実際に売ってみる。そして、売れればまた仕入れる。ただ、それだけ。万が一、売れなくても自分で使えば損はありません。本当の損は、臆病になってやらないことです。

ここでは、いきなり当たりを狙うのではなく、まず10個違う商品を扱う気持ちで取り組めば確実に成功を手に入れることができます。私はいつもこのようにし商品ラインナップを増やし、色々なものを試しています。商品基準ではなくお客様を基軸にすれば、商品に拘ることはありません。ライフタイム・バリューの考えです。お客様が喜ぶもの、欲しいものを提供すれば利益は増えます。

では、最後に、成功している人の共通点をお話し終わりたいと思います。

成功している人は、始めから上手く行っているのではなく、壁にぶつかったとき、「どのようにすれば上手く行くか」と常に自問しています。一方、上手く行かない人は、「どうして上手く行かないのか」と考え、思考が停止します。そして、大切なのは商品ではなく、お客様が望む未来を提供することです。ビジネスは「価値と価値の交換」です。この基本原則さえ忘れなければ、必ず成功します。

いつかあなたとビジネスができることを楽しみにしています。

あとがき

闇雲にコンテンツをホームページに掲載していても反応が取れないのは、お客様に、その商品を買うことで得られる未来の想像を提供できていないから。

例えば、水晶などのパワーストーンを扱っているサイトでのやりがちな間違いは、石の名前しか掲載していないホームページ。これでは、詳しく知っている人や業者以外、どの石を選んでいいのかわからない。特に石は、見た目より効果効能を最優先にして選びます。また、花も同じです。花言葉を添えるだけで、日ごろ手にしない花を買ってみようかなと思わせてくれます。人は、機能だけで買っているのではなく、その背景にある情景を思い浮かべながら、希望する結果を期待しています。

このような視点を持つことで、商品の位置づけや表現も変わり、その結果、売上の桁が変わることでしょう。もし、売上が低迷し打開策を望んでいるとしたら、いままでと同じことの延長をしていても変わりません。怖いと思えるほどの行動を行うことで、結果が始めて変わります。

おそらくあなたの業界では、まだ誰も商品を販売しているだけで、お客様が望む結果にフォーカスできていません。しかし、あなたはこの本を通し、人の購買は、お客様が理想とする未来を提供できなければ購入に繋がらないことを知りました。

あとは、あなたが選択するだけです。その選択が、会社の未来だけでなく、クライアントの未来も変えます。本書がそのきっかけなったのであれば、これ以上、嬉しいことはありません。

本書は、はじめは私の生きた証しとして、子どもたちのためにつくりました。

そのスタートをくれたのは、猫のテコが、私の家族に加わったことで、人生が変わり始めました。

長男が、独立する勇気を与えてくれ、そして、長女が運を運んで来てくれました。

そして、独立を応援してくれた妻にも感謝しています。

この出版を行うことで、多くの方の期待に応えなればと思っています。

私は、起業することで、未来を変えました。はじめに意識したのは、周りの5人を変えること、そして、怖いと思える未体験ゾーンに挑戦していくこと。そういった意味では、本書の出版も未体験ゾーンへの挑戦です。まだまだ挑戦途中なので、荒々しい部分も感じると思いますが、この先も温かく見守っていただけると幸いです。いつか、私の考えを子どもたちに受け継ぎ、その結果、世代を越え、いろいろな人の未来が変わることを期待し筆をおきます。


最後に多数の方のご協力なくては、本書はできませんでした。特にクライアントおよびFDS塾生の皆様の事例はとても役に立ちました。そして、出版のきっかけをつくっていただいた多くの関係者の方々に、この場をかりてお礼申し上げます。

船ヶ山　哲

著者略歴

船ヶ山　哲（ふながやま　てつ）

企業WEBマスターとして活躍後、2013年、株式会社レムズリラを設立。人間心理を考えたWEBマーケティングを得意とし、見込みの高いお客様を探すための、心の扉を開くキーワードの発掘から、心の鎖を解く顧客心理に基づいたサイト構成の構築に特徴があり、小予算で結果を出すまでのスピードが速いと評判。これまでに、月に1件もなかった問い合わせを月80件にまで向上させ、業界でもまったく無名だった企業のサービスを上場企業だけでなく公共機関への一斉導入の橋渡し的存在となる。また、WEBマーケティングを活用し、飛び込み営業から問合わせ営業に変えることで企業の売上を20倍以上にし、企業の経営手法まで変革を行う。その他、企業が新事業としてインターネット通販を行うための、商品開発もサポートし、企画から販売までのトータルプロデュースなども行っている。企業コンサル以外には、後継者育成のための塾（ＦＤＳ）も開校中。

売り込まずにお客が殺到するネット集客法

2013年3月19日発行　　2013年4月5日第2刷発行

著　者　船ヶ山　哲　©Tetsu Funagayama

発行人　森　　忠順

発行所　株式会社 セルバ出版

〒113-0034

東京都文京区湯島1丁目12番6号 高関ビル5B

☎ 03（5812）1178　FAX 03（5812）1188

http://www.seluba.co.jp/

発　売　株式会社 創英社／三省堂書店

〒101-0051

東京都千代田区神田神保町1丁目1番地

☎ 03（3291）2295　FAX 03（3292）7687

印刷・製本　モリモト印刷株式会社

●本書の内容に関する質問はFAXでお願いします。

Printed in JAPAN

ISBN978-4-86367-109-6

読者限定【三大特典】

＜総額７万円分の無料プレゼント＞

この度は、本書を最後までご購読いただきまして
ありがとうございます。そんな、あなたのために
何かお手伝いできることはないかと考え、今回に
限り、スペシャルなプレゼントをご用意しました。

＜特典１＞
企業様向けに開催した「見込み客獲得セミナー」を収録した
ＤＶＤを無料でプレゼント！（19,800 円相当）

＜特典２＞
「電話コンサルティング」30 分無料（30,000 円相当）
ＷＥＢマーケティング以外に、独立起業の相談も受け付けます。

＜特典３＞
リサーチおよび切り口のご提案（20,000 円相当）
キーワード調査、競合調査、サイトの流れなど。

特典を手に入れる方法は、下記、ＵＲＬに今すぐアクセスし、
フォームよりお申込みください。この特典は、期間限定のため
いつまで続けられるかわかりませんので、お早目にどうぞ！

http://www.adw-zion.com/bookoffer.html